CAMILLE DE SAINTE-CROIX

CENT
Contes Secs

DITS PAR

COQUELIN CADET

DE LA COMÉDIE-FRANÇAISE

Deuxième édition

> Un conte sec est un récit dépourvu d'artifices descriptifs, plutôt oral et impromptu qu'écrit et composé.
> Sobre et nu, il court à sa conclusion avec l'allure la plus rapide et par la voie la plus directe.
>
> C. DE S.-C.

PARIS
PAUL OLLENDORFF, ÉDITEUR
28 *bis*, RUE DE RICHELIEU, 28 *bis*

1894
Tous droits réservés

A ÉMILE BERGERAT

1ᵉʳ juin 1891.

Permettez-moi de vous dédier dans son ensemble ce paquet touffu de pages disparates.

Je ne vous le remets pas, avec l'assurance que ce soit un présent digne du puissant inventeur, du noble artiste que je vénère en vous.

Il ne m'est qu'une occasion de vous redire mon affection pour votre fière et loyale personne, — mon admiration pour votre attitude et votre vie.

CAMILLE DE SAINTE-CROIX.

CENT CONTES SECS

1

UN DÉNOUEMENT

Pour Paul Margueritte.

Ce soir, au Vaudeville, répétition générale du « Parfait Ménage » de Fernand Malines.

L'auteur, très énervé, pendant le dîner, déclare à sa femme, Edmée, et à son ami Jean de Calvé qu'il n'ira pas au théâtre.

Ils seront bien gentils... ils lui éviteront cette corvée.

Ils écouteront avec soin, noteront leurs observations personnelles, étudieront le public et rapporteront fidèlement les impressions de la soirée.

Chose acceptée.

Jean et Edmée partent. Fernand fumera quelques bonnes pipes au coin du feu et les attendra pour souper.

Resté seul, l'auteur se frotte les mains et se livre sans contrainte à l'explosion de la plus sardonique gaieté qui ait jamais crispé masque de voltairien professionnel.

Puis il monologue avec une véhémence tragi-comique.

— Ah! les misérables... Ce Jean que j'aimais comme un frère, cette Edmée pour qui je fus toujours le modèle des époux... Ils vont enfin me connaître... Ils ne se doutent pas que depuis un an je surveille leurs perfides manœuvres... Ils me croient aveugle et sourd... J'ai tout épié... tout écouté... tout noté. Ils vont savoir comme je me venge : car je ne suis pas de ceux qui font un éclat, ni de ceux qui se résignent. Ils se croyaient biens fins, bien habiles... Ha! ha! ils verront ce que j'en ai fait de leurs finesses et de leurs habiletés!... J'en ai fait une bonne comédie, mon chef-d'œuvre peut-être, un succès certain, une comédie de haute moralité, pleine de traits bien vivants, bien humains... calqués sur nature... une bonne pièce qui amusera tout Paris ce soir, me rapportera gros et frappera d'épouvante mes deux coupables... J'ai bien gardé mon secret... mieux qu'ils n'avaient gardé le leur... Ils ne se doutent de rien... Ils viennent de partir, bien confiants, bien naïfs... et dans un instant... vlan ! vlan !... Pendant quatre heures (car dès la première scène ils comprendront), pendant quatre heures, ils subiront le supplice de voir leur infamie dévoilée, de voir le public s'amuser d'une histoire qui est la leur... Ils vont retrouver tous leurs mots, toutes leurs attitudes comme photographiées... Resteront-ils jusqu'au bout? Oui, sans doute, ils voudront savoir quel dénouement mon ironie vengeresse leur aura imaginé. Et après, que feront-ils ? Reviendront-ils ici? Me feront-ils une scène? Ce serait trop fort... mais, vrai ! ça m'amuserait ! Ou bien joueront-ils la farce de l'ingénuité ?... Feront-ils semblant de n'avoir pas compris? Ce serait plus drôle encore... Mais je les connais... Ils n'oseront pas reparaître. Et je serai peut-être d'un seul coup et à jamais débarrassé de l'ami félon et de la misérable épouse... Ah !... j'ai eu une fameuse idée... Sardou n'aurait pas trouvé celle-là !

Et il continue de monologuer ainsi, une

demi-heure environ, lorsqu'un bruit de clef dans la serrure puis des pas dans l'antichambre le font sursauter.

— Eux ? Déjà ?... Ce n'est pas possible !

En effet Jean et Edmée sont revenus. Ils paraissent devant lui. Ils n'ont l'air ni fâchés, ni même vexés, montrent plutôt des mines compatissantes.

Fernand est interloqué.

— Vous n'êtes donc pas restés jusqu'au bout ?

Edmée ôte son chapeau. Jean jette le sien sur la table et vient prendre les mains de Fernand.

—Ah mon pauvre ami ! Figure-toi qu'en arrivant au théâtre, nous avons vu de grandes bandes blanches sur les affiches.

— Il y avait relâche ? Un retard ?

— Pis que cela !... Il paraît qu'au dernier moment la censure a interdit la pièce.

— Oui ! ajoute Edmée, dépitée... Ta pièce !... Il paraît qu'il n'y avait que des saletés dedans !

ATAVISMES

Pour Maurice Bouchor.

Bourginet, méthodique savant de trente-huit ans, célibataire, attaché au Muséum, poursuit de patientes études ethnographiques, ayant pour manie scientifique le rêve d'un perfectionnement dans la beauté des races obtenu par un accouplement raisonné des plus remarquables spécimens de chaque type. On reléguerait au fretin de la société, sans aller toutefois jusqu'aux rigueurs lacédémoniennes, les femelles et mâles difformes, disgracieux, les mal bâtis, les vulgaires, les imparfaits que l'on condamnerait à ne s'accoler qu'entre eux. Bourginet va jusqu'à désirer la députation et songe au beau jour que serait celui où on le verrait déposer sur le bureau de la Chambre un projet de code conjugal établi sur ces bases callipédiques. Lui-même, fort joli garçon, s'est jusqu'à ce jour interdit de procréer, n'ayant jamais rencontré l'âme sœur assez esthétiquement charpentée pour faire avec lui souche de beauté.

Seule, sa femme de ménage une vieille personne, la mère Boutard, l'écoute assez complaisamment développer ces théories spécieuses.

Cette mère Boutard a pour fille une très belle créature, Hortense, grande, forte, saine, au teint d'ivoire blond, aux yeux noirs, vastes, éclatants, et montrant sous son négligé de petite blanchisseuse le charme languissant, l'élégance singulière des héroïnes bibliques.

Bourginet a très sérieusement pensé à Hortense pour expérimenter.

La mère Boutard est allée jusqu'à entreprendre sa fille, mais sans succès.

Hortense veut se marier et refuse de sacrifier son avenir à la science ; et Bourginet, vexé, n'a guère pu insister.

A quelque temps de là, cependant, il redemande timidement.

— Hé bien !... mère Boutard... votre fille ?

— Dame... ça y est... Elle épouse, dans un mois, Pigeard, un veuf, vous savez bien... le concierge du 7.

— Comment ?... ce vilain bonhomme...

— Oh ! pour ça, c'est pas qu'il soye beau... Mais dans not' pauv' monde on s'marie comme on peut... J'aim' mieux ça, au fond, que d' la voir mal tourner... Et puis, voyez-vous, concierge, c'est une situation.

— Mais Pigeard est bancroche... leurs enfants...

— D'accord... mais Hortense... T'nez, moi qui vous parle... belle comme elle est... c'est pourtant un cul-de-jatte qui me l'a faite...

LES
PROSPECTUS DE PLANTUREAU

Pour Aurélien Scholl.

Plantureau, le nez au vent, rôdait sur le boulevard Magenta lorsqu'il avisa une agréable personne qu'il s'empressa d'accoster. Comme elle répondait facilement, il put se convaincre qu'il était bien tombé. Beaux yeux, joli teint, jolie taille, joli sourire, la promeneuse était de celles... trop rares... qui se promènent pour leur plaisir.

Veuve, disait-elle, et avec de petites rentes, elle ne demandait qu'à connaître un garçon amusant, bien élevé et libre.

Plantureau était tout cela et savait le faire valoir.

Il invita sa bonne fortune à dîner, lui offrit ensuite un tour de Folies-Bergère.

Elle refusa de souper ; et il la raccompagna jusqu'à sa porte, ne montant pas, à cause du concierge, mais autorisé à se présenter le lendemain, dans le jour, tant qu'il lui plairait.

Et, le lendemain, un peu après midi, il entrait en possession de cette imprévue et charmante maîtresse qu'il trouvait toute meublée, douce en ses rapports, abondante en charmes et modeste de goûts.

Trois jours passèrent, durant lesquels ils furent enviablement heureux.

Mais quand, le quatrième jour, Plantureau vint à l'heure habituelle, il trouva sa bonne amie en larmes et qui se jeta à ses pieds :

— Ecoute ! fit-elle... Il faut que je te dise... Je ne pouvais te tromper plus longtemps. Je suis une misérable... Je t'ai menti... Je ne suis pas une veuve... Je n'ai jamais été mariée... Je faisais la noce... Et mon argent... je l'ai volé.

« Voici : il y a quinze jours, je circulais boulevard Denain. Un type m'emmena souper, se grisa avec moi et je l'accompagnai à l'hôtel. C'était un gros voyageur de commerce ; il avait touché pas mal de factures et me montra bêtement son argent. Sitôt couchés, il s'endormit comme une brute... Moi je n'avais pas sommeil et j'enrageais d'être là... Une folie me prit... Je me levai... Je m'habillai... Je fouillai son portefeuille, ses poches... trente-cinq mille francs... Je fourrai tout, or, argent, billets, dans une sacoche et je filai avec... Toutes les histoires que je t'ai contées... mariage, héritage, autant de mensonges... Je suis une voleuse... une sale fille ! Regarde ce portefeuille, il contient ce qui reste de l'argent de ce pauvre type : trente et un billets de mille. »

Plantureau ahuri, mais toujours miséricordieux aux femmes jolies la relève, la console, l'embrasse.

— Voyons ! Donne-moi l'adresse de l'hôtel où ça s'est passé... Ce monsieur, j'irai le voir, je lui rapporterai ce qui reste... Et pour ce qui manque, nous nous arrangerons !

Trempée de larmes, abîmée de honte, abrutie de remords, elle ne peut plus répondre, serre convulsivement la main de Plantureau, lui montre l'adresse écrite sur le carnet du portefeuille et se replonge dans sa désolation.

Plantureau, bon garçon, prend sa tâche à cœur. Muni de l'argent et des indications, il part.

A l'hôtel désigné, il s'informe de l'identité du voyageur, sans dire l'objet de sa visite. On lui en apprend de belles !

— Vous ne lisez donc pas les journaux ? Il y a quinze jours, M. X... s'est fait voler plus de trente mille francs ; il n'a jamais pu dire par qui. Il a donné des explications embrouillées à son patron qui, n'ayant pas voulu le croire, a porté plainte. Alors M. X... s'est fait sauter la cervelle... Une histoire bien ennuyeuse et qui a fait beaucoup de tort à l'hôtel.

Plantureau, navré, revient chez sa bonne amie.

Mais là, autre histoire !

Tout le quartier en émoi... une allée et venue de badauds d'un trottoir à l'autre.

La concierge montre à Plantureau d'un geste effaré, une croisée ouverte, au troisième, celle de la chambre de la pauvre fille ; et d'un autre geste, la boutique du pharmacien, en face, où se presse un rassemblement de curieux.

— « Morte ! »

Affolée de remords, inconsolable, elle s'était jetée par la fenêtre !

Plantureau réclame son corps.

Il la fait porter chez elle, lui rend les derniers

devoirs, la veille, la suit au cimetière avec quelques commères du voisinage.

Deux jours après, seulement, il se souvient qu'il promène toujours sur lui les trente et un mille francs !

Qu'en faire ?

Les renvoyer au patron ?

Ma foi, non ! La dureté de ce ladre pour son employé a révolté le bon garçon.

— Ce sale patron n'en reverra pas un sou, de son sale argent !

Ce disant, en vaguant par les rues, Plantureau, à l'angle d'un carrefour, se cogne contre un bonhomme qui, adossé à un réverbère, distribue des prospectus sous enveloppe.

Et aussitôt, il vient une idée à Plantureau.

Il entre chez un papetier, se fait servir trente et une enveloppes. Dans chacune il insère un billet de banque.

Puis il retourne au carrefour, se poste sur l'autre trottoir, s'adosse aussi à un réverbère et distribue, à l'instar de l'homme aux prospectus, ses trente et un mille francs, sous enveloppes, aux passants.

Et, ravi, il s'amuse à suivre de l'œil les

gens, — les uns filant sans tendre la main, — les autres prenant et froissant le faux prospectus et le fourrant en poche ou le jetant au ruisseau, sans regarder.

JEUNE FILLE

Pour le comte Georges Swieykowsky.

Blanche de Camaraude, à six semaines d'épouser son cousin Hugues de Royenne, faisait à cheval sa promenade quotidienne, un écuyer, Perrin, la suivant à trente pas. La jeune fille, mise en train par un grisant soleil de mai, passa le pont de Suresnes et prit la route de Saint-Cloud, longeant la Seine.

Or, devant le parc Rothschild, la jument de Blanche prit peur et s'emballa en une course si furieuse que Perrin ne put songer à la rejoindre.

Ce fut un galop fou qui emporta Mlle de Camaraude échevelée, cramponnée à la crinière, impuissante.

Après un éclair de quinze cents mètres, l'animal fonçait droit sur un arbre énorme lorsqu'un inconnu surgit de la berge, en sauveur, se jeta bravement aux naseaux de la bête folle et la maîtrisa avec une vigueur et un sang-froid merveilleux. La jument suffoquée se dressa, dansa, chancela et s'abattit au pied de l'arbre. Blanche avait sauté : elle était sauvée.

Quant au jeune homme, il n'avait pu éviter d'être projeté contre le tronc. En s'y heurtant, il avait subi un choc si terrible qu'il avait roulé sur la rive, assommé, évanoui, perdant son sang.

Presque aussitôt, Perrin rejoignait.

La route était déserte et cette scène n'avait d'autres témoins que ses acteurs. Blanche et le domestique portèrent le blessé au bord de l'eau. La jeune fille déchira son écharpe et son mouchoir en compresses et se hâta d'étancher le sang, disant à l'écuyer.

— Ramenez les bêtes à Suresnes et revenez avec une voiture.

... Lorsque, vingt minutes après, Perrin reparut avec un fiacre, il trouva Blanche pâle, mais très calme, debout et seule sur la route. Elle expliqua :

— Ce jeune homme est tout de suite revenu à lui. Il s'est trouvé assez solide pour reprendre son chemin et s'est éloigné sans me dire son nom.

Elle mentait. Voici ce qui s'était passé :

Quand la plaie avait été bandée, Blanche avait considéré son sauveur.

Il était étonnamment beau.

Dans la poche de sa jaquette, elle avait trouvé deux lettres et deux cartes de visite au nom de Jean Doreste, sans profession indiquée, ni adresse.

Et, froidement, elle s'était dit :

— Je vais l'aimer... Je ne veux pas l'aimer... Je ne puis être que la femme du comte de Royenne.

Elle avait arraché son voile d'amazone, l'avait fendu et tordu en deux fines et fortes cordes dont elle avait solidement lié les poignets et les jarrets de l'inconnu.

Toujours personne sur la route.

Avec une force furieuse elle avait saisi Jean Doreste aux épaules et l'avait fait rouler dans la Seine.

CRIME DE CŒUR

Pour Rémy de Gourmont.

Pierre Sterminio rencontra chez les Palombier une très singulière demoiselle, maîtresse de piano, rousse aux yeux d'émeraude, à la peau laiteuse, aux longues mains onduleuses et pâles, au beau corps élégant. Il s'informa. C'était une étrangère, de famille ruinée. Daria Stratton avait trente ans, des mœurs irréprochables et proclamait sa répugnance pour le mariage.

Sterminio la désira violemment. Ils se rencontrèrent souvent dans d'autres maisons amies. Ils causèrent bientôt en camarades jusqu'au jour où Sterminio, le premier de tous ceux qui l'avaient jusqu'alors poursuivie, sentit qu'il avait fait passer dans les veines de la jolie rebelle un peu du feu qui le dévorait.

Il la pressa davantage et finit par amener sur ses belles lèvres d'étranges aveux.

— Oui ! Je suis vaincue, dit-elle, et je vous aime... Mais puis-je être à vous ? Ecoutez et comprenez-moi. J'ai eu un amant, très jeune ; et je l'ai gardé ; je l'ai encore. Si cet homme était quelque beau fils de famille, je n'hésiterais pas à rompre. Mais c'est un pauvre être, sans défense contre les assauts de la vie et pour qui je suis tout ! Il ne vit que de moi et par moi, ayant tout quitté pour moi, alors qu'il avait quelque chose à quitter. Paralysé par une terrible maladie cardiaque, il vit chez moi, ignoré de tous. Sa frêle vie est à la merci du moindre choc d'émotions. J'ai été très peu à lui de passion, — et jamais de chair comme je serais à vous ; je ne suis à lui que par conscience. Mais mon devoir est absolu. Je m'y soumets : je souffre, — souffrez ! Peut-être le temps fera-t-il quelque chose pour nous !

Pour la première fois, il avait été admis à venir la voir chez elle ; et c'est, accoudée sur les coussins de son divan, dans le clair-obscur de son petit salon, qu'elle disait cela, pâle, glacée, douloureuse.

Sterminio se dressa, bouleversé.

— Il vit chez vous ? Ici ? demanda-t-il.

— Ici ! dit-elle, baissant la voix et les yeux.

Alors il bondit comme un fou, ouvrit la porte et s'élança dans l'appartement.

Daria épouvantée le suivait, le saisissait, voulait l'arrêter : Sterminio au bout d'un corridor, souleva une portière et pénétra dans une propre et froide petite chambre, en laquelle, sur un lit de repos, était allongé un homme aux yeux creux, impotent, et qui le contempla, bouleversé.

Daria s'était jetée entre eux. Alors Sterminio la saisit par la nuque et collant son visage au sien, lui prit la bouche en un baiser vorace devant l'amant hagard.

L'infirme n'eut qu'une contraction de traits, horrible. Il poussa un cri lugubre, bientôt étouffé, et laissa retomber sa tête inerte sur les coussins.

Daria s'était laissé glisser, cachant son visage contre la poitrine de Sterminio, toute blottie en lui. Il se pencha et murmura, les lèvres trempées dans ses cheveux roux :

— Tu disais que le temps ferait quelque chose pour nous ?... Une seconde a suffi !

LACHE!

Pour Stéphane Mallarmé.

M. René Flaxans, madame et leurs trois enfants s'étaient installés à l'hôtel du Pavillon, à X...-sur-Mer. Ils n'y étaient pas depuis une semaine que l'appartement voisin du leur fut occupé par une veuve américaine, jeune, extrêmement belle, Eudora Davies, vrai corps à costumes de bains. Cette superbe personne fit fureur sur la plage et, nageuse émérite, aux heures de baignades, conquit rapidement la convergence quotidienne de plusieurs centaines de lorgnettes.

Un matin de grande marée, alors que nul n'osait affronter les vagues monstrueuses, Eudora Davies, à l'heure du bain, s'avança seule, en un audacieux maillot chair, prête quand même à battre de ses bras blancs les flots méchants. Repoussant tous conseils, elle entra ferme et cambrée en pleine furieuse tempête, passa sous une première grosse vague et reparut un instant balancée à la crête de la vague suivante, puis filant comme un brillant oiseau rose, voleta de sommet en sommet.

Soudain une voix d'angoisse cria, de la digue.

— Le courant! Elle touche au courant!

Et l'on vit l'Américaine fuir en biais vers le large, saisie, entraînée par une armée de flots parallèles dont le flux se dessinait jaunâtre sur le fond noir de la pleine mer.

— Fichue, gronda un maître nageur, conscient de l'inutilité de tout effort.

On perdait du temps à armer un canot.

A ce moment un homme apostropha la foule.

— Il n'y a donc pas un brave, parmi vous?... Hé bien! j'y vais, moi!

C'était M. Flaxans qui s'arrachant aux bras de sa femme affolée, se dévêtait en un tour de main et, plongeant du haut de la digue, se lançait au secours de l'Américaine. Un autre maître nageur grommela :

— Il est fou, ce monsieur ! Vous ne pouviez donc pas le retenir ?

Mais René Flaxans, adroit et vigoureux gagnait de l'espace. En une centaine de brasses, il atteignait le courant, sans s'y engager, le longeait, se rapprochant, coupe par coupe, de la femme en maillot rose. Le difficile était de la saisir et de l'attirer hors de ce courant maudit sans s'y laisser prendre soi-même. L'espérait-il ? Il l'essaya par dix fois, sans succès. L'Américaine, retournée, l'appelait de ses bras suppliants, toujours emportée.

Alors que se passa-t-il ?

M. Flaxans eut la vision de sa perte à lui qui ne sauverait pas cette autre créature vouée à la mort. Il entrevit sa femme ; il entrevit ses enfants... Et soudain on l'aperçut faisant demi-tour et revenant, vaincu, vers le canot de sauvetage qui arrivait juste pour le recueillir, épuisé, abandonnant le bel oiseau rose bientôt disparu pour toujours.

Dès le lendemain la famille Flaxans devait quitter la ville, chassée par le mépris public. Et tous ces gens dont pas un la veille à l'heure de l'épreuve n'avait osé bouger de la digue, tous ces poltrons n'avaient gardé de cette scène que le souvenir d'une lâcheté — celle de l'homme qui avait seul reculé, s'étant seul risqué.

TOUT S'ARRANGE

Pour Henry Signoret.

Jean Dubrand, négociant, célibataire de cinquante ans, employait un personnel nombreux et se montrait très cordial envers lui.

Il possédait un château en Seine-et-Marne, et invitait, pendant la belle saison, à tour de rôle, et par séries, ses employés et leurs femmes à venir s'y reposer quelques semaines. Un jeune comptable de la maison Dubrand, Henri Céner, venait précisément d'épouser Jeanne Terrier, la toute jeune fille d'une caissière qui était encore la belle Mme Terrier.

Aux vacances, Henri et Jeanne Céner et Mme Terrier furent des premiers invités. Ils n'étaient pas depuis trois jours au château que

Jean Dubrand, pour nécessité d'affaires, pria Henri de retourner passer quarante-huit heures à la maison de Paris. Ces dames resteraient et l'on tâcherait qu'elles ne trouvassent pas le temps trop long en l'absence du jeune mari. A peine Henri fut-il parti qu'une des amies de Jeanne crut devoir l'avertir que Jean Dubrand n'était pas seulement un père pour ses employés. « Tu n'y échapperas pas, ajouta-t-elle. L'an dernier, à peine mariée, je vins ici dans les mêmes conditions. Même ordre à mon mari de s'éloigner pour quarante-huit heures, et le même soir, M. Dubrand était dans mon lit.

« Si, après dîner, le patron te fait demander par une servante, sous un prétexte de service, la clef de ta chambre, tu sauras ce que cela veut dire ! »

Jeanne passa une journée horrible. Pourrait-elle céder ? Elle adorait son mari. Et, si elle ne cédait pas, elle prévoyait des choses désastreuses : la colère du patron, le renvoi de Henri, la perte d'une si belle place, la misère, etc., etc...

Elle s'ouvrit ingénument à sa mère.

Alors la bonne Mme Terrier eut un sourire : « C'est bien, ma chérie, je comprends ton effroi et puisque tu t'es confiée à moi, c'est à moi de te défendre. J'aviserai. » Ce dont Mme Terrier s'avisa, ce fut de changer de chambre avec sa fille.

Le soir, à table, on ne manqua pas de voir une servante s'approcher de la jeune Mme Céner et lui demander sa clef.

On devine que les choses se passèrent assez mal vers minuit entre M. Dubrand et Mme Terrier. Si pleine de bonne volonté qu'elle fût, la caissière un peu mûre n'était pas une nouveauté pour le patron. Mais comme elle était après tout belle femme encore et comme elle tenait bon, Dubrand allait se résigner lorsque... grand fracas ! C'était Henri qui, informé par un camarade, revenait en toute hâte, décidé à tuer ce voleur de jeunes femmes.

Mme Terrier reconnut le pas de son gendre. Affolée elle souffla les bougies, poussa Dubrand dans la chambre contiguë où elle avait fait coucher Jeanne, — et se rejeta sous les couvertures tremblante encore. Henri entra, gagna l'alcôve, dans l'obscurité, palpa le lit, n'y sentit qu'un corps de femme et eut une explosion de joie.

— Jeanne ! fit-il... je t'ai fait peur ? Tu ne me réponds pas ! Pardonne-moi ! J'ai eu un soupçon fou !... Pauvre patron ! Que va-t-il dire s'il apprend que je ne suis pas à Paris ! et si mon retard fait manquer son affaire ! Mais non ! il y a encore un train dans trois quarts d'heure. J'ai le temps... Je me sauve ! »

Il se pencha sur le lit, baisa passionnément les lèvres de sa belle-mère et repartit au galop.

Ce, pendant que dans la chambre voisine, sans défense cette fois, Jeanne subissait entre les bras du patron triomphant, les conséquences de cette fatalité.

RUY BLAS MALGRE LUI

Pour Georges Courteline.

Joseph entra au service des Dubois.

M. Dubois s'était marié tard, et Mme Dubois était une agréable rousse médiocrement vertueuse. Les deux époux faisant chambre séparée, leurs alcôves communiquaient par un cabinet où l'on avait logé le coffre-fort de la maison. Dès le premier jour, Madame avait remarqué Joseph. Elle le cribla d'œillades. Mais Joseph, de goûts peu délicats, ne se laissa rien suggérer par la trop fine beauté de la patronne. Au contraire, il s'accommoda très vite de la cuisinière Ursule. Tous deux firent bientôt un vrai ménage de brigands au sein de la famille Dubois.

Et Madame, séchant d'amour, ne savait

comment conquérir l'insensible larbin. Joseph acceptait mille petits cadeaux secrets et ne rendait rien en complaisances, même platoniques.

Or le hasard d'une conversation écoutée derrière une porte révéla un jour à Joseph la possibilité de s'introduire dans le cabinet interconjugal, par une lucarne donnant sur les toits.

Un plan fut vite conçu : mettre la main sur le magot et filer avec la bien-aimée Ursule.

Or la nuit même où Joseph avait réussi à s'introduire dans le réduit, M. Dubois eut l'importun caprice d'une petite visite à la chambre de Madame. Un bougeoir en main, il fit irruption au moment où Joseph attaquait la serrure du coffre-fort Empoigné, bousculé, livré à deux agents que le concierge alla quérir, le malchanceux larbin alla achever au Dépôt, en rêvant d'Ursule une nuit trop bien commencée. Envoyé à la 8e chambre, convaincu de tentative de vol avec effraction, il n'avait plus qu'à invoquer son jeune âge et s'en remettre à la clémence des juges lorsqu'on vit Mme Dubois s'avancer à la barre des témoins, toute rose sous ses vêtements noirs et le sein palpitant. Une idée lui était venue, de celles que seul un amour désespéré peut inspirer.

— Monsieur le Président, fit-elle, ne condamnez pas un innocent. Joseph n'est pas un voleur. Il était dans ma chambre lorsqu'il entendit M. Dubois se lever et venir. Il a eu cette idée généreuse de se précipiter sur le coffre-fort pour en simuler le crochetage. Il était perdu... mais j'étais sauvée. Je ne puis accepter un tel sacrifice et je viens à mon tour le sauver en me perdant.

Un frémissement courut l'auditoire. M. Dubois s'évanouit dans les bras de l'huissier audiencier ; et comme le président très ému ébauchait un nouvel interrogatoire, Joseph ahuri finit par répondre en se grattant le front :

— Dame ! M'sieur l'président... Si ça doit tout arranger, j'dirai comme madame...

LE ROMAN
D'UNE FEMME TRANQUILLE

―――

Pour Jules Renard.

J'avais connu Lucie, tout enfant, blonde et tranquille ; et je m'étais dit : — « Celle-là est marquée pour une vie normale. Elle épousera sur le tard quelque gros capitaliste, sans amour, et vivra toujours placide, toujours heureuse. »

A vingt ans de là, — et dernièrement, — je l'ai revue chez elle, mariée en effet, à un M. Henry Donnier, propriétaire d'un fort journal quotidien et gros faiseur d'affaires.

Elle avait toujours son air de jouisseuse consciente et placide. Je ne m'étais donc pas trompé ?

Comme j'en parlais à un ami commun, il eut un sourire et me dit :

— Alors tu crois que c'est si simple ? Tu ne connais donc pas sa vie ? Pour en arriver là, apprends par quoi cette charmante femme a passé !

« Tu sais qu'elle était la fille d'un officier pauvre. A quinze ans elle perdit son père et dut vivre avec sa mère, obligée de gérer elle-même le petit bureau de tabac accordé par l'Etat. Lucie fut, à six mois de là, séduite par ce même Henry Donnier qui était le fils d'un commandant du régiment de son père. Henry refusa d'abord d'épouser. Il dut se battre avec un proche parent de Lucie, le tua et se sauva à l'étranger. Lucie devint, après ce drame, l'héroïne de la petite ville. Elle subit les assauts de tous les élégants, n'y put tenir, quitta sa mère et vint à Paris rejoindre Henry qui s'y était fixé, rentré en France ; il refusait toujours de se marier. Mais à défaut de cela, Lucie lui plaisait comme maîtresse. Le commandant Donnier indigné de ces scandales avait coupé les vivres à son fils et celui-ci végétait au quartier Pigalle en pleine bohème montmartroise. Il vivait de petit journalisme et traînait Lucie de brasserie en brasserie. Elle se lia avec une actrice, Honorée D..., qui la présenta à son théâtre, lui fit donner des bouts de rôle, l'emmena dans ses tournées en province et à l'étranger. Henry Donnier ferma les yeux et les suivit de ville en ville. L'amant d'Honorée, directeur de la troupe s'éprit aussi de Lucie, se l'offrit et entretint, un temps, le ménage. Puis il advint qu'un habitué du Grand-Théâtre de Bordeaux entreprit d'avoir Lucie à lui tout seul. Henry, qui s'était effacé d'abord, reparut bientôt et harcela Lucie. Elle ne l'aimait plus. Il l'aima dès lors, rageusement, et s'acharna à la reconquérir. Or, subitement le vieux commandant Donnier mourut. Henry hérita. Petit capitaliste, il envisagea sérieusement la vie, se livra à quelques spéculations adroites, réussit et fit une grosse fortune. Ainsi armé, il revint à Lucie, la reprit à son entreteneur et l'épousa enfin. Ils ne sont mariés que depuis deux ans. Tu vois que pour une femme paisible...

— Allons donc ! répliquai-je de mon air le plus têtu... Tous ces événements ont précisément concouru à cette fin prévue. Lucie vivant, calme et sans amour, près d'un homme riche.

Et je regardai la jeune femme au teint impassible souriant à son mari, à ses hôtes, dans la tiédeur de son luxe, oublieuse et heureuse.

Tant il est vrai que le secret de toute quiétude est de n'admettre qu'une réalité : Le Présent.

GAITÉ PARISIENNE

Pour Eugène Silvain.

Plantureau rentrait d'une joyeuse nuitée, regagnant à pied son lointain logis, à l'heure où Paris travailleur s'éveille et se hâte dans les rues vers les multiples besognes matinales. Sur le trottoir d'une avenue déserte, il croisa soudain deux croque-morts portant en civière le cercueil d'un petit enfant. Personne ne suivait. Machinalement, le bohème ôta son chapeau et emboîta le pas aux funèbres sires. Ceux-ci s'étonnèrent d'abord, puis s'égayèrent. On causa. Les hommes racontèrent d'où ils venaient. Ils avaient enlevé le petit cadavre de chez une fille de Montmartre, qui l'avait mis au monde elle ne savait comment et le laissait partir avec une parfaite indifférence. Plantureau suivit jusqu'au cimetière, assista à l'inhumation, offrit sentimentalement une couronne au petit mort, puis emmena boire les porteurs. Il leur demanda l'emploi de leur journée.

Ils n'avaient pas d'autre besogne. Il revint avec eux remiser la civière à l'administration puis les remmena boire. Une heure après, tous trois étaient gris. Alors une idée vint à Plantureau. Il acheta quelques bouteilles, un pâté, des viandes froides, des gâteaux et invita ses deux noirs camarades à déjeuner à la condition qu'ils le ramenassent chez la mère de leur petit client du matin. Ce fut fait. La fille était encore au lit, seule et abrutie de sa nuit. — « Vous aviez oublié quelque chose ? » demanda-t-elle en ouvrant. Le plus lucide des croque-morts montra Plantureau et expliqua l'aventure. Il ajouta même d'un air fin : « J'ai pensé que c'était le père, mais qu'il faisait celui qui ne voulait pas le paraître... » Plantureau entendit. Lui et la fille se regardèrent, puis murmurèrent presque en même temps cherchant à rappeler des souvenirs qui les fuyaient : « Au fait, c'est possible... » Et la fille ajouta : « Est-ce qu'on sait, à Paris ? »

/ 11

TRAIN DE PLAISIR

Pour Alphonse Allais.

A l'occasion des marins russes, la famille Dufuseau et la famille Pézuche ont quitté leurs fermes respectives et, frétant en commun un compartiment de 3ᵉ classe, sont venues par train de plaisir, à Paris, pour voir la fête. Le père et la mère Dufuseau ont avec eux leur fille Catherine ; le père et la mère Pézuche ont avec eux leur fils Célestin. Le garçon a quatre ans de plus que la demoiselle et leur mariage prochain est déjà un peu plus qu'un projet. Catherine est une jolie blonde, hardie ; Célestin, un grand gaillard placide et madré. Tous deux s'entendent à merveille. Les deux familles descendues au même hôtel s'en sont donné à cœur joie de toutes les rejouissances publiques et de tous les spectacles officiels ou populaires. Mais l'heure de la rentrée a sonné. Les trains de plaisir ont des aller et retour inflexibles; et qui manque l'heure réglementaire perd sa place. Les Dufuseau sont près d'en faire la coûteuse expérience; en effet au dernier moment Catherine fait défaut à l'appel. Etait-il possible que la sournoise se fût ainsi jouée de la surveillance familiale? Où est-elle passée? On la cherche vainement; mais l'heure presse. On ne peut attendre davantage. Et la mère Dufuseau se désespère, répétant lamentablement : « C'est c' billet!... C'est c' billet de r'tour qui sera perdu!... Ah! la mâtine! » Mais on va fermer les portes. Agacé, Célestin pousse toute la bande vers la salle d'attente :

— « Pleurez pas, la mère!... C'est pas encore ça qui m'empêchera d' l'épouser. Et puis, j' la connais vot' mâtine! Si ell' nous r'vient au pays, c'est qu'elle aura gagné d' quoi prendre l'express! »

BRILLANT DÉBUT

Pour Raoul Ponchon.

Le jour où Plantureau s'installa dans ses fonctions de secrétaire auprès de M. le duc de Marmande, il put croire sa position faite.

A midi, le duc l'avait pris à part.

— Il faut que vous me donniez une première preuve d'intelligence et de dévouement. Voici : je désire marier mon fils, le marquis Hector, avec sa cousine, Mlle Edwige de Colmar. Or le marquis a pour maîtresse une terrible fille, Nachette, des Variétés. Allez de ma part trouver cette personne. Offrez-lui cinquante mille francs et obtenez une rupture sans éclat.

A deux heures, dans sa chambre, Plantureau recevait la visite du jeune marquis.

— Vous êtes le secrétaire de mon père. Voulez-vous être aussi mon ami ? Faites ceci pour moi : je désire rompre avec ma maîtresse, une petite actrice qui me coûte trop cher pour ce qu'elle vaut. Et je voudrais épouser ma cousine Edwige qui est charmante. Il me faut cinquante mille francs pour quitter proprement Nachette. Demandez-les pour moi à mon père, en lui faisant comprendre ce que je n'aurais pas la patience de lui faire comprendre moi-même. Ce sera difficile ; mais je compte sur vous ?

Enfin, par le courrier de trois heures, Plantureau recevait ce billet :

« — Monsieur, — Je viens d'apprendre que le nouveau secrétaire du duc de Marmande est un homme d'esprit. Je m'adresse donc à vous, sans plus de façons. Voici : je suis la maîtresse du marquis Hector. Mais je veux me séparer de lui pour épouser le ténor Lagrive. Il me faudrait quelque chose comme cinquante mille francs. Ne pourriez-vous manœuvrer auprès du duc pour qu'il me fasse cette somme ? Moyennant quoi je m'engagerais à lâcher pour toujours le marquis. Si vous voulez bien vous charger de ça, n'oubliez pas que je suis visible à toute heure pour mes vrais amis. — Nachette. »

Ce n'était pas tout. Comme Plantureau se rendait d'un pied léger au théâtre des Variétés où Nachette répétait de quatre à six, il rencontra un ancien camarade de collège apparenté à la famille de Colmar. Celui-ci l'aborda le premier et, sans grand préambule :

— J'allais vous voir... Bien que nous ne nous soyons pas rencontrés depuis le lycée et que nous ayons suivi des fortunes différentes, je me suis toujours souvenu de vous comme d'un garçon d'honneur et d'esprit. Or, vous sachant entré dans la famille de Marmande, je me suis chargé auprès de vous d'une mission terriblement délicate. Avec tout autre que vous j'aurais hésité. Mais soyons brefs. Voici : l'honneur d'une jeune fille est entre vos mains. Il y a quelques semaines, Mlle Edwige de Colmar s'est fait enlever par le ténor Lagrive. L'aventure est restée secrète et le ténor a été... désintéressé. Mais il est urgent de marier la pauvre enfant ; et son cousin, le marquis Hector, est tout désigné pour ce rôle de rédempteur sans le savoir. C'est Edwige elle-même qui m'envoie vers vous. Elle vous sera très reconnaissante de mettre à son service l'influence que vous ne tarderez pas à prendre dans la maison et de vous employer à la conclusion rapide de ce mariage.

Dans ces conditions, Plantureau n'avait plus qu'à opérer facilement et brillamment. Ainsi fit-il.

UNE TOQUADE

Pour Henri Roujon.

Michel de Rolleboise resté en bonnes formes, à quarante ans, tout à fait chauve mais gardant le regard, le sourire et la voix jeunes, la taille pas mal et l'esprit vif, venait de remporter la plus belle veste aux dernières élections. Très déconfit, les débris de sa fortune mangés, son journal tombé, il traversait la crise du ratage dans les conditions les plus amères. Sans femme et sans enfants, il ne se sentait plus grand courage et ne savait trop à quoi se vouer.

Dans le désœuvrement de sa vie incertaine, se trouvant au thé d'une vieille amie il remarqua une jeune fille toute pure, toute jolie. Son amie la lui nomma : « Martiale Bresson. »

Et elle ajouta tout bas :

— Vous a rencontré deux fois dans le monde et s'est toquée de vous... Vous serez heureux. Elle a refusé, depuis qu'elle pense à vous... trois partis superbes.

Une heure après, dans le même salon, Rolleboise était assis à côté de Mlle Bresson, intimement présenté et très à l'aise pour causer.

Avec une ingénuité adorable, le fixant de ses grands yeux ravis, la jeune fille lui ouvrit son cœur. Elle le trouvait un homme ne ressemblant pas aux autres, et c'est par quoi elle s'avouait conquise.

Alors Michel parla à son tour. Il fut très désillusionnant, avec art. Il sut adroitement faire ressortir ses défauts d'âge, d'humeur, de santé morale et physique ; et très habilement il sut mettre en relief les mérites d'un des jeunes gens auxquels Martiale venait de refuser sa main, Raoul Marquet. Après cette causerie où il l'avait surprise par quelques cynismes, elle l'aimait toujours, mais l'admirait moins.

Après deux autres entrevues, l'amour lui-même tomba. A la quatrième, franche toujours, elle avoua :

— Merci de m'avoir ouvert les yeux... Mais

quel bonheur que, tandis que je croyais vous aimer, vous ne m'ayez pas aimée, vous!... Vous n'auriez pas eu le sang-froid de me désabuser ainsi... et, mon Dieu ! où en serions-nous ?

Michel salua Mlle Bresson et se retira.

Dans la situation d'extrême découragement où le désastre de ses affaires l'avait mis, il avait cru devoir, comme tous les malades d'orgueil, chercher un réconfort dans un dandysme périlleux. Il avait voulu être aimé « quand même ». Là encore il n'avait pas réussi. Tout était fini.

Il passa par un journal dont le directeur lui avait demandé quelques chroniques.

— Je t'apporte de la copie, dit-il.

Et le lendemain, son premier article paraissait au grand étonnement de la galerie.

C'était une charge à fond de train contre le courriériste d'une feuille rivale, Charles d'Espandit, spadassin fameux. Aussitôt, envoi de témoins du provoqué. Courtes explications. Arrangement impossible. Rencontre.

A peine les épées furent-elles engagées que d'Espandit, selon sa coutume, frappa deux appels, marcha et se fendit avec une vitesse d'éclair. Cette hardiesse dans la marche et sa rapidité de dégagé faisaient d'ordinaire son succès sur le terrain.

Les témoins, sachant Michel prévenu, pensaient qu'il saurait parer.

Mais il n'en fut rien. Ils virent leur ami marcher à la même allure que d'Espandit, puis se dégarder brusquement et découvrir son plein plastron où l'épée du spadassin n'eut qu'à s'enfoncer jusqu'à la coquille.

Lorsque Mlle Bresson lut comment Rolleboise s'était fait tuer, elle ressentit une douleur profonde. Et justement, près d'elle, Raoul Marquet disait :

— Moi, je ne comprends pas les duels de presse... Ah ! si c'était pour une femme !...

LE PAVILLON

Pour Victor Margueritte.

Le sculpteur Malleron possédait sur l'avenue Wagram un hôtel en deux bâtiments.

Sur le devant était installé l'atelier avec ses dépendances où trônait la maîtresse de l'artiste, son ancien modèle, la grosse Léona.

La femme légitime du sculpteur et sa fille, Andrée, vivaient reléguées dans le pavillon au fond du jardin.

Le secret de la résignation de Mme Malleron, c'est qu'elle avait un amant, Gabriel Mairose, élève de son mari et qui la consolait des écarts du gros sculpteur.

Cette double situation se maintenait tant bien que mal au vu et au su de la petite Andrée qui fatalement s'était prise d'une sourde et violente passion d'enfant pour Gabriel Mairose.

Un jour il y eut éclat. Les Malleron divorcèrent. Malleron épousa Léona et Mairose épousa Mme Malleron. Les deux nouveaux ménages tirèrent chacun de son côté et l'hôtel fut mis en vente.

Andrée fut réclamée par une tante de province qui acheva de l'élever jusqu'au jour, où, grande et belle fille, elle se fit enlever par un lieutenant de dragons qui, changeant de garnison, la ramena à Paris. Là, elle se lança vite, passa de l'officier aux gens de théâtre et par cet intermédiaire à diverses gens de finances qui lui bâtirent fortune.

Mairose et la mère d'Andrée végétaient au fond de Vaugirard en un pauvre logis. Les affaires ne marchaient guère pour le jeune sculpteur et sa vieille femme, lorsqu'un jour ils furent avisés qu'une œuvre de Mairose venait d'être acquise par une personne qui, gardant l'anonyme, avait du même coup acheté l'ancien hôtel de l'avenue Wagram, pour y installer de riches collections. Autre surprise : le marchand qui avait négocié l'achat de la statue vint avertir le sculpteur que l'acquéreur toujours anonyme offrait au couple Mairose de venir se réinstaller avenue Wagram. On les logerait gratuitement et on leur servirait même des appointements pour guider et administrer la fameuse collection. Il n'y avait pas à hésiter. Les Mairose étaient à bout de ressource.

. En reprenant possession de l'ancien logis, ils crurent rêver. De collections pas la moindre, mais une série de commandes à exécuter, payées d'avance.

Tout se voit à Paris. L'ancienne Mme Malleron délaissée, devenue Mme Mairose triomphante, s'habituait à trôner où avait trôné Léona.

Au fond du jardin, le pavillon maintenant inhabité demeurait clos et mystérieux.

Enfin les Mairose furent avisés que leur énigmatique propriétaire allait se faire connaître. Sa visite était annoncée pour telle heure et tel jour.

Au moment fixé, on frappa en effet à la porte de l'atelier. Mairose alla ouvrir.

Le propriétaire, c'était... Andrée !

On s'expliqua ; on déjeuna ensemble. Ce fut une fête à trois de souvenirs ardents, joyeux ou douloureux.

— Oui ! racontait Andrée, entre sa mère et son jeune beau-père. J'ai fait fortune et je suis libre et riche. L'idée m'est venue de vous retrouver, d'entrer en tiers dans votre bonheur; car vous serez heureux, maintenant. Avec moi, plus de misère.

Mairose, gêné, n'osait plus la regarder. Andrée poursuivit :

— Vous êtes ici chez vous, ma mère, et je vous y rends la place que mon père n'a pas su vous garder...

Le souvenir de Malleron et de Léona, ainsi brutalement évoqué passa, grosse ombre rapide, sur le fond clair de ces horizons de bonheur.

— L'atelier, les galeries, disait toujours Andrée, tout cela est à vous. Je vivrai près de vous, sans vous gêner,... seulement...

Attirant magnétiquement les yeux de Gabriel Mairose sur les siens et plongeant dans les prunelles de l'artiste, un regard avide et brûlant qui le bouleversa :

— ... Seulement... je me réserve... le pavillon... *à mon tour !*

BON GARÇON

Pour Pierre Valdagne.

Plantureau venait de recevoir de la marquise, en ce bel après-midi, le troisième désespéré message téléphonique de la journée. Toujours les mêmes termes :

— « Viens ! J'ai tout pardonné ! J'oublie une fois encore ! Je souffre ! Reviens ! »

La marquise amie de Plantureau n'en était pas une comme on en voit tant dans les faubourgs Saint-Germain et autres. C'était une vraie femme. En deux ans elle avait tout sacrifié à son amant : mari, famille, train de vie, relations. Elle vivait seule dans un petit troisième de l'avenue des Ternes, heureuse quand Plantureau n'oubliait pas de venir l'embrasser. Il se laissait faire, se disant que si toutes les marquises étaient ainsi, les marquis des autres ne devaient pas chômer.

Or celle-ci avait pour concierge une fort belle personne, dont le mari, employé de chemin de fer, passait dehors trois nuits sur quatre.

Un matin après une cruelle insomnie, la marquise n'ayant pas vu son amant depuis quarante-huit heures était descendue à l'aube, pour prier ladite concierge de quérir un commissionnaire qui portât un mot pressant chez Plantureau. Et, en entrant dans la loge, ce qu'elle avait vu tout d'abord, c'avait été Plantureau lui-même couché à la place de l'employé de chemin de fer.

C'est ainsi qu'ils s'étaient brouillés. Plantureau était rentré un peu penaud chez lui. Et d'ailleurs, dans l'après-midi même, la pauvre femme envoyait coup sur coup ses trois dépêches de pardon, avec supplication de revenir.

A chaque apparition des télégraphistes, Plantureau s'était dit : « J'y vais ! » Mais chaque fois aussi il avait rallumé sa pipe et s'était replongé dans une demi-sieste réparatrice.

Enfin vers cinq heures, ce ne fut plus un télégraphiste, mais la marquise elle-même qui se présenta, bien jolie sous ses vêtements noirs et malgré ses yeux gonflés.

Elle tordait ses belles mains dégantées.

— Tu ne m'as jamais aimé... ce calme... ce sourire devant mes tortures, quand j'accours moi-même te supplier de venir te faire pardonner... après ce que tu m'as fait... avec la vie que tu me fais mener.

Plantureau ne savait pas résister aux larmes des femmes. Emu, s'excusant, il se leva, posa sa pipe, prit son chapeau, embrassa son amie.

— Allons ! Te fâche pas !... Te fâche pas !... J'y vais...

Puis la poussant doucement vers l'escalier où il la suivit.

— Tu vois !... Il vaut mieux que ce qui est arrivé ce matin soit arrivé comme ça... Parce que maintenant tu es avertie... Sans ça, une autre fois, tu ne te serais pas dérangée toi-même... Tu m'aurais envoyé encore un mot... Tu me l'aurais peut-être fait porter par ta concierge... Et alors... ça n'en aurait plus fini !

SAUVAGE

Pour Jean Ajalbert.

Deux hautes falaises limitant la plage à droite et à gauche. Un village perdu dans les dunes. Quatre chalets bourgeois érigés sur un banc de galets, et, devant, un immense pan de mer grise ; puis, dans le loin, les côtes d'Angleterre barrant l'horizon comme un mince bâton de craie. Tel est Wimeux, bourgade de pêcheurs perdue sur le littoral artésien, où les Derbel, gros négociants du Sentier, venaient chercher, chaque fin mai, trois mois de repos. Ils n'avaient qu'une fille : Antoinette. La première année, dans une baignade, entraînée par un courant, elle avait été bravement sauvée par un gamin du pays qu'on nommait le Finaud.

Depuis, toutes les fois que les Derbel venaient à Wimeux ils prenaient le Finaud à leur service pour mener la charrette anglaise et baigner ces dames. C'étaient ses rentes de l'année. Naturellement, le pauvre gars était devenu amoureux fou d'Antoinette, fou timide, sans espoir et résigné.

Une année enfin, les Derbel vinrent à quatre. Antoinette s'était mariée à Paris dans le courant de l'hiver ; et c'était son mari, ce grand blond auquel elle donnait le bras et qu'elle appelait Emile. Le Finaud reprit son service, sombre et soumis.

Les deux nouveaux mariés s'en donnaient à cœur joie dans ce coin de plage perdu.

Ils s'égaraient de longues heures dans le désert des dunes et des falaises.

Mais, un soir, ils ne rentrèrent pas dîner. La nuit se passa, puis la matinée du lendemain. Les Derbel affolés coururent tout le pays. Le Finaud aussi avait disparu.

Or lui, on finit par le retrouver, vers le soir, au pied de la plus haute falaise, accroupi sur une énorme roche qu'on n'avait jamais vue là et qui semblait fraîchement roulée à cette place. On l'interrogea. Il ne répondit pas...

Mais rien qu'à voir le sommet de la falaise ébréché par un éboulement récent, Mme Derbel eut la nette perception de ce qui s'était passé.

Le Finaud jaloux et féroce avait guetté Antoinette et son mari du haut de la falaise ; il les avait vu s'embrasser et peut-être s'étendre au pied. Alors cherchant comment les atteindre, il avait senti trembler le quartier de granit ; ce bloc pouvait se détacher et il l'avait fait rouler sur eux... Ils étaient là-dessous, écrasés et c'est sur leur tombe que le fou se tenait ainsi accroupi.

En lisant cette évocation si précise dans les yeux effrayants de la mère, le Finaud croisa victorieusement les bras :

— Oui, m'damé... Elle dessous... Moi dessus... M' fallait ça !

Et il se rejeta à plat ventre, étreignant et mordant le froid granit.

MONDANITÉS

Pour Paul Vidal.

Les journaux publièrent cet écho :
— « A la suite d'une chronique parue dans un des derniers numéros du *Vibrion*, le comte de Herté a prié le lieutenant Solard et le baron Terneaux d'aller demander une explication ou une réparation par les armes à notre confrère, M. Agénor Requin. Une rencontre a été décidée. Elle aura lieu à l'épée, aux environs de Paris, dans la matinée. »

Sur le terrain, c'est le lieutenant Solard qui dirige le combat.

— Etes-vous prêts, messieurs? Rappelez-vous que les corps à corps sont interdits... Faites, messieurs !

Le comte et le reporter mondain ferraillent.

Le premier engagement n'amène aucun résultat ; mais Agénor est tout pâle encore des assauts furieux de son partenaire ; il n'a paré qu'en rompant éperdument.

A la reprise, pendant les premiers battements :

— Enfin, monsieur, gronde le comte, les dents serrées, je vais vous tuer, si vous ne me dites la vérité... Pourquoi cette chronique non signée, dont vous avez revendiqué la paternité, donne-t-elle sur mon ménage des détails tels que seul un amant de ma femme peut l'avoir écrite ?

Et le comte ralentit son jeu, laissant un temps pour la réponse.

Agénor explique :

— Cette chronique n'est pas de moi. Elle a été trouvée dans la boîte du journal. Mais devant votre provocation, il fallait défendre l'honneur du *Vibrion* ; et je me suis offert, à la place du véritable auteur qui refuse de se faire connaître.

A ce moment, le lieutenant Solard intervient :

— Messieurs !... On ne parle pas sous les armes !

Le comte passe outre à l'observation et reprend rapidement.

— En ce cas, monsieur, je serais désolé qu'il vous arrivât ici quelque chose de fâcheux, et je m'en voudrais de répandre injustement le sang d'un galant homme. Hâtons-nous d'en finir avec ce duel stupide et faisons-en une affaire de premier sang, si vous voulez.

Le lieutenant Solard réitère, sévèrement :

— Messieurs ! Je vous répète qu'on ne parle pas sous les armes ?

Un silence ; on n'entend plus que le froissement des épées. Le comte assuré de n'avoir pas devant lui l'amant de la comtesse a cessé ses attaques furieuses. Il ne tire plus que mollement attendant le hasard d'une égratignure pour se déclarer satisfait.

Un moment même, il se découvre. Alors Agénor se détend lestement, et tire droit ; sa lame file comme une flèche et atteint le comte en plein cœur.

M. de Herté n'a pas même un cri. Il lâche son arme, étend les bras et tombe mort.

Le jour même à Nice Mme de Herté recevait cette dépêche :

— C'est fait. Envoie argent voyage ; et attends-moi. — « Agénor. »

MAUVAISE GRAINE

Pour Louis Marsolleau.

La dernière fois que Félix avait fait appel à sa mère, la duchesse d'Enné elle lui avait donné un secours de cinquante francs en lui signifiant qu'il n'aurait plus jamais rien d'elle. Elle avait fait tout ce qu'elle avait pu. Le duc finirait par s'apercevoir de quelque chose. Elle avait d'autres enfants, légitimes ceux-là, auxquels elle se devait.

Pourquoi Félix ne s'adresserait-il pas à son père naturel, l'ex-beau Louis Maraumont, général du second empire, qui marié lui aussi et père de famille, craindrait un scandale et qu'il serait facile de faire chanter, s'il regimbait?

Félix, fils adultérin du général Maraumont et

de la duchesse d'Enné, élevé dans un collège lointain, puis, lâché, à peine bachelier, sans tutelle, avait jusqu'à vingt-cinq ans fait, on peut dire tous les métiers. Après son temps de régiment il avait mal vécu des subsides médiocres qu'il arrachait à sa mère, puis un peu de l'amour de quelques demoiselles aux professions diverses. Il n'avait jamais pensé au général ne pouvant guère compter sur un tendre accueil de ce personnage rébarbatif.

Enfin il se décida à l'aller trouver. Le général le reçut bien, le toisa. La physionomie vive de ce déclassé qui était son fils lui plut. Elle lui rappelait l'allure débrouillarde, sympathique et chapardeuse de ses meilleurs chacals des razzias sud-oranaises. Félix reçut une somme assez ronde. Le général ajouta :

— Va t'habiller, moutard ! Fais-toi présentable et reviens me voir, sans mystère. Je m'occupe de politique. Je t'installerai ici comme secrétaire et je te présenterai à ma femme et à mes enfants comme le fils orphelin d'un camarade d'Algérie.

Un mois après, Félix vivait la vie du général. Celui-ci sous son masque grognon, cachait un fonds vicieux de bas soudard. A se faire conter par son fils les détails d'une jeunesse bohémienne et crapuleuse, il prit un goût extrême.

Puis, dans ses loisirs, il voulut voir lui-même un Paris qui lui était peu connu.

Il se fit conduire par Félix dans tous les louches endroits jadis hantés par le bâtard. Bref l'infect vieux goûta si allègrement aux délices de la Maube, du Rochocho, de la Moufe-Moufe et autres centres ribauds que cela le mena à quelques laids scandales, puis à une démission puis à un divorce.

Et dès lors Félix reprit la vie sordide, flanqué cette fois de son misérable père. L'ex-général dont la fortune avait été considérable touchait encore des trimestres assez forts que tous deux semaient en ripailles de guinches et de bistros.

Une nuit qu'ils avaient vagué de compagnie dans les basses ruelles du quartier Wagram, ils s'étaient échoués chez deux filles, avenue de la Grande-Armée. Ils ne s'en tirèrent que tard dans l'après-midi et se trouvèrent tout à fait ivres encore, devant l'Arc-de-Triomphe. C'était l'heure où le Bois bat son plein. Le général méconnaissable sous sa crasse et ses haillons s'amusait là, comme jamais il ne s'y était amusé au temps des brillantes caracolades. Posté au coin « des Panés », il reconnaissait, nommait et apostrophait des hommes de club, des femmes d'aristocratie ou de galanterie, qu'il saluait de leurs prénoms. On se retournait ; nul ne reconnaissait l'ivrogne et l'on passait.

S'animant à ce jeu, le général s'avançait sur la chaussée criblant les équipages d'invectives étranges. Soudain Félix s'élança.

— Hé vieux ! Tu vas t'faire écrabouiller.

Le général se retourna et vit venir à fond de train un landau où s'allongeait la duchesse d'Enné entre son mari et ses enfants.

Alors, Maraumont changea d'ivresse. Une fureur flamba dans ses yeux, illuminant d'un éclair tout le passé brusquement apparu.

Il empoigna Félix par la nuque, l'étranglant déjà de ses gros doigts brutaux, le lança sous la voiture. Et comme les roues broyaient le bâtard, l'affreux vieux voyou sautant sur le marchepied, écartant le duc d'une poussée se pencha sur la duchesse térrifiée et lui cria, bouche à bouche.

— Entends-tu, vieill' meule ! C'est ta sal' grain' que j'te donne à moudre !

L'AVEUGLE

Pour Alfred Valette.

Ruiné plus qu'aux trois quarts, le comte Max se retira soudain en son bourg familial des bords de l'Allier. Demeuré seul de sa lignée, et n'ayant plus qu'un semblant de fortune à ronger, impropre à tout travail de gagne-pain, très jeune encore et ne comprenant pas le monde sans possibilité de grosses dépenses, il était résolu à vivre dans son coin en gentilhomme campagnard, noyant son regret des ivresses passées dans la griserie nouvelle des liesses rustiques, des franches véneries et des amours prairiales.

Il traîna cependant au fond de sa province, et malgré tout, d'invincibles souvenances. De temps en temps il écrivait quelque lettre à quelque ancienne amie des beaux jours. Mais qui se souciait de Max ruiné? Jamais une réponse!

Un malheur nouveau le frappa. Il devint aveugle. Dès lors il se vit enseveli; et, farouche, ne bougea plus de son antre seigneuriale. Une famille de vieux gardes habitait le château. Ces braves et fidèles gens le soignèrent et restèrent sa seule compagnie.

Or ces serviteurs avaient une fille, Jeanne, peu jolie, qui jusqu'alors avait humblement séché d'amour pour le beau comte. Elle osa dès lors s'approcher de lui. Un soir, il entendit sa voix et eut un tressaillement.

— La voix de Lucienne!

Lucienne! Une ancienne amie! Jeanne avait la même voix. Ce fut une révélation de bonheur possible pour elle.

Elle mit au pillage la garde-robe des aïeules de Max et choisit pour s'en affubler dentelles, satins et brocards séculaires.

Ensuite, sournoise, elle fouilla les papiers du comte et trouva dans quelques vieilles lettres d'amour d'intimes renseignements sur la maîtresse regrettée. Et, bientôt elle se sentit dans son audace amoureuse prête à jouer le rôle rêvé.

Une nuit elle vint surprendre Max et lui murmura.

— Je suis Lucienne. Je suis revenue.

Et l'aveugle plein d'orgueil et de joie froissait de ses doigts fiévreux les vieilles et riches étoffes et se prenait au charme de la voix aimée.

— Ta voix, disait-il... ta voix... ne l'avais-je pas entendue, l'autre jour ? Tu es ici depuis longtemps ? Ah ! mes pauvres yeux !

— Oui ! Mais je ne pouvais me trahir Je suis venue demeurer au village... Il ne faut pas que l'on sache... Je viendrai ainsi toutes les nuits quand tout le monde dormira au château.

Il fut si doucement dupe de la tendre comédie que désormais il reprit goût à la vie. Il se décida même à mander un célèbre docteur et à se faire examiner. Le soir qui suivit cette consultation, la fausse Lucienne accourut plus tôt encore que de coutume, anxieuse. Elle vit le comte étendu, un appareil sur les yeux.

— Tu ne sais pas ? s'écria-t-il, la sentant près de lui... Mon cas est guérissable ! Le docteur entreprend de me traiter. Il me promet qu'avant trois semaines j'aurai complètement recouvré la vue... Je te verrai... Oh ! quelle fête !... Te revoir au grand jour !

Alors tout le bonheur de la pauvre Jeanne s'écroula.

Il la verrait !

La duperie serait dévoilée. Il la chasserait, elle, la laide, la menteuse, l'usurpatrice !

Elle eut un courage suprême.

Elle avoua tout.

Max, lorsqu'il eut entendu cette cruelle confession, ne s'irrita pas. D'abord il resta accablé ; puis, d'une voix faible, murmura :

— Ainsi, Lucienne pas plus que les autres ne s'était souvenue de l'aveugle !

Et, lentement, à Jeanne :

— Reste ici, toi ! Et continue à me bien servir ! Tu as été et tu seras encore ma Lucienne... Vois le prix que j'y mets !

Sauvant son illusion, il rompit l'appareil et renonça, pour toujours, à la vue.

LE FILS

Pour Paul Mounet.

J'étais rhétoricien et j'avais pour camarade Henri M..., un grand garçon, mon aîné de deux ans, énergique et charmant, et qui me marquait une vive amitié. Aux grandes vacances, il me proposa d'aller passer les deux mois de liberté chez sa mère, propriétaire d'un château dans les Pyrénées. Ma famille consentit. Nous partîmes. Le voyage fut ravissant de gaîté et de bonne entente.

Sur le quai de la gare, nous trouvâmes Mme M... venue au-devant de son fils. Henri me présenta et, tout de suite, la charmante femme prit mon bras. J'avais dix-sept ans, de doux cheveux frisés et les joues fraîches. Mme M... veuve depuis trois ans était une admirable personne de trente-huit ans, haute, puissante, souple, fort brune, les yeux flambants, une chair de fruit doré qui tentait.

A table, son regard ne me quitta guère. Puis, comme nous faisions, après souper, un tour de parc, tous trois, au clair de la lune, elle profita d'un moment où Henri nous précédait, pour se pencher brusquement et passer sur mes lèvres ses lèvres brûlantes. Je crus m'évanouir. Henri se retourna. N'avait-il vraiment rien vu ?

On rentra. On se souhaita bonne nuit et je gagnai ma chambre.

J'étais au lit depuis une demi-heure, frémissant encore du baiser fou, lorsque ma porte s'ouvrit. A peine le temps de percevoir, au clair obscur de la veilleuse, un grand fantôme blanc, et j'étais enlacé, roulé, serré, mordu par Mme M..., ruée sur moi.

Et, soudain, un pas rapide dans l'escalier.

— Mon fils ! cria la veuve se redressant et me lâchant.

Et nous étions en même temps debout tous deux, demi-nus sous nos chemises déchirées.

Henri entra, d'une poussée me colla au mur, passa devant moi, happa sa mère au poignet et, de deux gifles retentissantes, la jeta hors la chambre.

LE LIT

Pour Robert Godet.

Par fatalité, Lucien et Cécile ne s'épousèrent pas tout d'abord.

Amis d'enfance, on les avait faits victimes des convenances ; et Lucien s'était laissé marier à une personne indifférente. La triste Cécile s'était retirée près d'une tante de province.

Mais la femme de Lucien, pâle et de nulle santé, mourut vite. Ainsi affranchi, le jeune veuf retourna vers la première amie inconsolée et fidèle, la reconquit et, au terme de son deuil, l'ayant épousée, la ramena à Paris.

Or dès le premier soir de leur installation d'heureux ménage, Cécile, dans le tiroir d'un meuble de toilette, trouva des épingles à cheveux, rouillées.

Le lendemain matin, elle questionna la vieille bonne.

— Dame! fit la servante... On aura oublié de les enlever en nettoyant... quand *l'autre* est morte!

Cécile regarda le lit, songea et frémit.

Un mois après, elle avait un amant qu'elle s'était choisi indiscret et brillant. Elle en eut d'autres, tous bavards et fanfarons qui jasèrent et firent jaser. Après plusieurs scènes désespérées, après plusieurs duels sans procès-verbaux, Lucien renonça à lutter contre sa honte conjugale. Il accepta le scandale définitif et chassa l'épouse indigne. Celle-ci, dès lors, roula de bras en bras; et sa cascade finale fut un plongeon dans la misère infâme.

Depuis deux ans, Lucien l'avait retranchée de sa vie lorsqu'il apprit qu'elle agonisait dans un bouge.

La sachant perdue, il voulut courageusement la revoir, la confesser et l'absoudre.

Mais, dès qu'il parut, la misérable agita sa main maigre et de sa voix moribonde, supplia :

— Laissez-moi ici! Laissez-moi ici! Si j'y suis... c'est pour n'avoir pas voulu mourir... dans le lit de *l'autre!*

L'ÉCHAFAUDAGE

Pour Gérault Richard.

Dans la vieille église, au faîte de l'échafaudage, Maxime et André, les deux rapins de César Mantois, peignent, ennuyés, des fonds pour les fresques de leur illustre maître.

Faute de pouvoir fumer, ils causent. Ils parlent des gaîtés du quartier latin, des amours de brasserie, des camarades heureux avec les femmes.

— Du reste, dit André... toi, le quartier latin... c'est fini !... Depuis que tu aspires aux dames du monde...

— Quoi ?

— Bien sûr ! la femme du patron... Tu ne penses plus qu'à elle...

Maxime rougit.

— Tais-toi !

A ce moment, un craquement.

L'échafaudage oscille. Une corde se rompt. Deux supports se détachent et roulent avec fracas dans la nef.

La traverse sur laquelle les deux artistes restent debout n'est plus suffisamment soutenue.

En bas, des gens d'église se sont précipités. Bedeaux, suisse, fidèles font une masse noire ; on dresse des échelles.

La traverse fléchit sous le double poids. Deux minutes encore et le sauvetage serait possible ; mais il faut bien deux minutes ; et la traverse ne tiendra pas jusque-là.

André fixe Maxime.

— Tu l'aimes, alors, la femme du patron ?

— Hé bien ?

— Hé bien ! Elle m'attendra ce soir à six heures... dans ma chambre à l'hôtel. Regarde !...

Et il montre un petit bleu écrit de la main aimée.

Maxime pousse un cri, étend les bras et chavire. Son corps dégringole et va s'écraser en tournoyant sur les dalles de l'église.

La planche s'étant redressée, allégée de la moitié de son fardeau, on avait maintenant le temps d'arriver jusqu'à André et de le sauver.

LA TÊTE ET LE CŒUR

Pour Léon Dierx.

Madeleine avait deux amis : Félix, mondain, joliment tourné, fade et fat.

Frédéric, simple et doux, mais avec de beaux yeux profonds, pleins de pensée.

Madeleine réfléchit et choisit Frédéric.

Félix saisit ce prétexte de désespoir amoureux pour se lancer dans une noce éperdue. Cela fit impression sur Madeleine.

Toutefois elle devait vivre heureuse près de l'être exquis qu'était Frédéric.

Des années passèrent.

Par boutades, Madeleine pensait à Félix.

Il revint.

Il s'était usé en plaisirs bêtes, ruiné en de vaines aventures.

Devant Madeleine il reprit sa comédie de désespoir. Frédéric s'en aperçut, vit que Madeleine se laissait duper par ces semblants romanesques. Il devint triste, mais se tut.

En cet instant critique, Madeleine imagina, pour tout arranger, de se convaincre que la tristesse et le silence de Frédéric venaient de ce qu'il ne l'aimait plus, de ce qu'il se détachait d'elle, rêvait ailleurs et la laissait sans défense contre les assauts de l'ancien ami revenu.

Et elle réussit à se trouver sans forces pour lutter contre le caprice qui la tourmentait. Félix triompha.

Elle passa chez lui une journée stupide, une journée vaine de niais adultère où elle goûta une à une toutes les désillusions de la chair et de l'esprit. Et, dès qu'elle put, elle quitta le fastidieux amant, pleine de honte et de remords.

Maintenant il fallait rentrer !

Si Frédéric avait appris !... — Elle avait si mal dissimulé, dans sa hâte ; s'il l'avait devinée, surprise ; s'il savait ! — Si elle allait perdre à présent l'amour de celui-là seul qu'elle s'avouait digne d'amour !

Et son cœur battait. Et comme elle montait l'escalier de chez elle, une peur la saisit que Frédéric l'y attendit pour la tuer.

Cela, elle l'acceptait d'avance, prête à expier.

Mais une autre angoisse, plus terrible : si, accablé de dégoût, il s'était enfui, si elle allait ne plus le retrouver, ne plus le revoir !

Elle entra, questionna la bonne :

— Monsieur est là ?

— Monsieur est rentré il y a deux heures. Il s'est enfermé dans son cabinet et a défendu qu'on vînt le déranger.

Il ne savait rien ! Il travaillait ! Le cher amour ! Elle ne l'avait pas perdu !

Elle poussa la porte du cabinet.

En effet, Frédéric était là... pendu !

LES DEUX CAGES

Pour Elémir Bourges.

Ceci n'est pas une histoire de nos jours.

Handry était berger des troupeaux du roi Harrul.

Presque enfant, il s'était épris de la belle Nannia, fille de marchands ; et longtemps il fit ce qu'il put pour être aimé d'elle. Mais Nannia avait donné toute sa pensée à un jeune savant de la ville, Maucomb. Elle dédaigna l'humble passion d'Handry ; et lorsqu'elle fut en âge d'être épousée, elle devint la femme de l'homme qu'elle aimait.

Handry, le cœur brisé, de très doux qu'il était, devint sombre et féroce. Puis le sourd désir de s'instruire lui vint, et, avec, l'ambition de briller.

Il quitta les champs, entra au service d'un maître érudit, travailla avec un acharnement furieux de toutes ses facultés et devint rapidement un des esprits les plus remarquables de son temps.

Il se distingua en mainte occasion publique ; son nom parvint aux oreilles du Roi, lequel, curieux de connaître ce jeune pâtre devenu l'une des lumières de ses Etats, le fit venir à la Cour, s'intéressa à lui et l'attacha à sa personne.

Dans le contact quotidien des plus habiles conseillers, Handry apprit l'art cruel de gouverner.

Des années s'écoulèrent, et de dignités en dignités, l'ancien berger parvint à celle de premier ministre, aimant la gloire, l'argent, la puissance, toutes les jouissances pompeuses de ce momde. Il en était une cependant qui semblait n'avoir aucune prise sur lui : l'Amour.

Hélas ! Il avait gardé toujours vive la plaie ouverte en son cœur par son premier chagrin d'enfant, par le dédain de Nannia. Et, comme au jour où, le repoussant pour se fiancer à Maucomb, il l'avait maudite — maintenant encore, après tant d'années, après tant d'aventures, il la haïssait et la maudissait de tout son être. Et cette rancune inguérissable qui couvait en sa mémoire, il l'avait faite inséparable de ces deux noms à jamais exécrés : Maucomb et Nannia.

Eux qu'étaient-ils devenus ?

Maucomb, cerveau généreux, vaillant et hautain philosophe, avait fondé au sein des Etats d'Harrul, une école de courageux sectaires qui, luttant sans trêve pour les idées de justice et de vérité, semaient, dans le peuple, l'amour de l'indépendance et les plus fiers sentiments de liberté et d'équité sociales. Nannia était demeurée la compagne fidèle et dévouée de ce hardi citoyen, loin des vains plaisirs de la cour.

Or, au moment où Handry touchait au faîte des honneurs, une révolte éclata et plusieurs provinces se soulevèrent.

Le mouvement révolutionnaire fut d'une telle violence que Harrul et Handry durent se défendre par tous moyens contre le flot populaire qui battait en brèche l'autorité royale.

A la tête de l'insurrection était un jeune homme, Séryas, le disciple favori de Maucomb ; et Maucomb lui-même fut dénoncé comme l'instigateur premier de ces désordres.

Après une guerre civile, longue et terrible,

Handry parvint enfin à dominer l'orage. Tous les chefs conjurés furent pris et le calme fut rétabli.

Emerveillé de l'habileté, de la force et du courage dont son premier ministre venait de lui donner cette preuve éclatante, le roi Harrul le laissa libre d'exercer telles représailles qu'il voudrait sur les captifs. Handry les jugea lui-même et prononça contre tous la sentence capitale. Tous furent exécutés, à l'exception de Maucomb et de Séryas dont le supplice fut différé. Nannia avait été prise également et gardée dans les fers.

La hache du bourreau épargna ces trois têtes.

Mais, dans les combles de son palais, Handry fit aménager une cellule ; et cette cellule fut divisée en deux cages par une double grille, — oui, deux cages seulement pour les trois prisonniers.

Dans l'une fut enchaîné Maucomb, seul pour la vie, — et dans l'autre, sous ses yeux, Nannia nue et superbe avec le jeune Séryas.

ÉMOTIONS

Pour Paul Ollendorff.

D'abord captivée par l'allure élégante et pittoresque d'un charmant voisin rentier sportif et peintre amateur, la belle et romanesque Mme Grondaine, épouse mécontente d'un gros tapissier de l'avenue d'Eylau, a fini par trouver quelque monotonie au plaisir trop répété d'aller passer trois après-midi sur quatre dans le coquet atelier de son amant.

Celui-ci, Henry Presles, très empoigné par la superbe plastique de la capiteuse bourgeoise, est fort loin encore d'éprouver les mêmes lassitudes et ne se blase point sur le détail des charmes qui abondent en cette riche nature.

Mais le fait est indéniable. Mme Grondaine en a assez. Elle s'ennuie. Elle songe aux au-delà de l'adultère. Elle ne les trouve pas chez le peintre. Un de ces jours elle ira à quelque nouvelle aventure ; et chacune de ses visites maintenant a l'air d'être la dernière.

Elle ne le dissimule plus. Un jour même, elle éclate tout à fait :

— Écoutez, mon bon Henry, pour ne pas nous quitter brouillés, quittons-nous tout de suite. Je ne reviendrai plus. Je suis une femme romanesque. Vous m'avez séduite parce que vous aviez des façons artistes et des façons homme du monde qui me faisaient espérer un peu de mouvement dans nos amours. D'abord ce fut très gentil. Mais à la longue cela devient tout à fait comme avec M. Grondaine… Ça manque d'émotions.

Henry est consterné. Mais une idée lui pousse.

— Au moins, chère amie, vous me permettrez d'achever la petite étude de torse que j'avais ébauchée d'après vous ? Vous ne pouvez me refuser ce souvenir. Accordez-moi deux petites heures de pose… et nous verrons.

Mme Grondaine, bonne fille au fond, condescend.

Henry place l'étude sur le chevalet, prépare ses couleurs, puis se ravise, écrit quelques mots sur une carte de visite, et s'apprête à sortir.

— Déshabillez-vous, chère amie, et prenez la pose... Dans trois minutes je serai de retour et me mettrai au travail.

Jetant passivement toilette à bas, Mme Grondaine s'approche de la fenêtre.

Voici Henri dans la rue. Elle le suit des yeux. Il court à un commissionnaire, lui remet la carte griffonnée tout à l'heure puis remonte.

Mme Grondaine quitte la fenêtre. Elle est toute nue. Elle se jette sur le divan et prend la pose d'odalisque indiquée par l'esquisse. Henry rentre, s'assied devant la toile, fait sa palette et commence à fondre des tons, à poser de petites touches.

Un quart d'heure passe... Et voici soudain un grand fracas au dehors. De gros pas lourds résonnent dans l'escalier et se rapprochent.

Mme Grondaine prête l'oreille, et, soudain, instinctive :

— Mon mari !

Elle saute à bas du divan. Trop tard ! La porte s'ouvre. Un gros homme paraît, et, rouge, suffoqué, s'adresse d'abord au peintre.

— Monsieur, que signifie ?

Henry pose sa palette et, sans se lever :

— Cela signifie que votre femme s'ennuie et me demande des émotions. Je n'ai rien trouvé de mieux pour la satisfaire que de vous prévenir qu'elle était chez moi... dans le costume que vous voyez...

— Ah ! la gueuse ! la gueuse ! hurle Grondaine.

Il la saisit aux épaules, l'agenouille, la renverse, la traîne, sous une grêle de coups de canne qui rebondissent en rayant d'innombrables zébrures roses la belle chair des épaules, des bras, des reins, des cuisses, des mollets frissonnants. Rythmant d'un crescendo d'imprécations le feu roulant de cette maîtresse raclée, il tape, il tape jusqu'à ce que moulue, brisée, démolie, la belle Mme Grondaine s'affale à terre, sans voix pour gémir, respirant à peine, demi-morte.

— A présent, en voilà assez ! dit le peintre toujours tranquille.

Il pose sa palette, s'approche du tapissier, lui

détache un coup de poing en pleine face, le saisit à la gorge, le repousse sur le palier et le lance dans l'escalier en une dégringolade énorme.

Puis il rentre, tire le verrou, s'approche de sa maîtresse pâmée, la relève, la ranime, l'étend sur les coussins.

Et du dehors monte le tumulte des voix effarées ; les voisins accourus aux beuglements du cocu massacré. Des gens vont et viennent. Une foule s'ameute et monte à l'assaut de l'atelier. M. Grondaine vocifère. Des agents interviennent recueillent les racontars, interrogent le concierge.

Et là-haut, souriant et câlin, Henri s'agenouille auprès du divan où il a reposé sa maîtresse ; et, de sa voix la plus douce :

— Hé bien ! chérie, tu l'as, ta petite émotion ? tu vas bien m'aimer maintenant ?

Elle se désole ; elle se lamente ; elle frotte son pauvre beau corps endolori.

Et tandis qu'on frappe à la porte, qu'on somme d'ouvrir au nom de la loi...

— C'est affreux ! gémit-elle : cette scène... ce scandale... et quelles suites !

Henry sans plus s'inquiéter des sommations,

des imprécations, des menaces d'enfoncer, attire la tête de la belle meurtrie et lui murmure, lèvres à lèvres.

— Les suites? Dépêchons-nous! Tu les as bien gagnées!

———

POT-BOUILLE

Pour Charles Proudhon.

Pour un gars de petite ville affamé de licences parisiennes, Jules Fignet, lorsqu'il vint commencer son droit ne pouvait mieux choisir que la très agréable maison de la rue Claude-Bernard où le menèrent les hasards de la location. Un joli logement de deux chambres, au sixième avec vue sur les feuillées d'un jardin de couvent et le panorama de la capitale.

Seul habitant mâle de son étage, il était au centre d'une double alignade de chambres de bonnes. Il passa le premier jour de son installation à descendre et monter l'escalier pour étudier les êtres de l'immeuble... et, le soir même, s'étant convaincu à la suite de nombreuses rencontres de palier que la maison comportait au moins une femme agréable par appartement, il se disait :

— Je ne suis pas si ambitieux que de les espérer toutes. L'important, c'est que j'aie de quoi choisir. Il me suffira d'une petite bonne pour les usages quotidiens et d'une bourgeoise pour les extras poétiques.

Le lendemain, son choix était fait et ses premiers jalons posés. Il avait engagé un bout de conversation avec Mlle Stéphanie, la femme de chambre du second puis échangé une vague œillade avec Mme Tordoy, légitime épouse d'un juge au tribunal civil et patronne de ladite Stéphanie.

Une première semaine d'habile tactique suffit à lui assurer la conquête de la soubrette, appétissante roussotte, aux vifs yeux noirs, teint clair et chairs solides.

Seulement en lui ouvrant discrètement sa porte le premier soir qu'elle le fit heureux, Stéphanie dit à Jules :

— Tu sais, petit, pas de blague !... jusqu'à minuit seulement... parce qu'à minuit et demi il vient quelqu'un que je suis forcée de recevoir.

Tu me regardes ? tu ne comprends pas ? Ça ne fait rien... C'est convenu, hein ?

Nullement jaloux, l'étudiant !

En décorsetant joyeusement la jolie fille, il suivait déjà son autre idée ; et la vision de l'élégante Mme Tordoy passait, idéale et rapide, dans sa cervelle. En caressant distraitement les épaules rebondies de la femme de chambre, il songeait :

— « A minuit et demie, Stéphanie reçoit une visite qu'elle dit obligatoire... Qui est-ce ? Son patron, parbleu ! Pauvre fille !... Il faut bien qu'elle passe par là. Hé bien ! c'est à moi d'en profiter.

Et tandis que Stéphanie accrochait sa jupe au bouton de la porte, Jules, ôtant ses bottines, faisait ce calcul :

— Quand M. Tordoy sera venu me remplacer ici, je descendrai, moi ! Mme Tordoy sera seule dans son appartement et sans défense. Alors, au petit bonheur ! »

Ce disant, il avisait à un clou la clef dudit appartement, s'en emparait prestement et la glissait dans la pochette de son veston.

Sur quoi, jusqu'à l'heure convenue, il goûta

les plus saines délices entre les bras dodus de la bonne fille.

Enfin minuit sonna. Bien sage, Jules tint sa promesse et regagna son logement.

Mais au lieu de se coucher, il colla son oreille à la cloison et attendit.

Bientôt un bruit de pas assourdis... un vague chuchotement... puis la porte de Stéphanie s'ouvrant et se refermant. Jules pensa :

— M. Tordoy est gîté... Maintenant, de l'audace !

Et il descendit en veston de chambre, adonisé, lustré, copieusement parfumé et la clef en main.

Sur le palier du second, il s'arrêta. chercha la serrure, y coula la clef qui fit son devoir sans trop grincer. Il n'y avait ni verrou, ni chaîne de sûreté. Jules poussa la porte et, brave comme Eros, entra. Nuit profonde dans l'antichambre, veilleuse éteinte.

— Bah ! se dit-il. Le hasard est mon ami. Je le charge de m'orienter.

Le hasard répondit si diligemment à cette invocation que le premier pas de l'étudiant lui fit donner du nez dans un porte-manteau.

Raccrochage éperdu aux hardes pendues là,

chute successive de ces hardes, dégringolade tonitruante d'appliques et de patères. Jules perd pied, tournoye dans les ténèbres, s'étend tout du long et reste à terre, enfoui parmi le cahos des choses écroulées. Tumulte. On accourt.

Une porte s'ouvre. Un jet de lumière inonde l'antichambre.

L'étudiant se dépêtre de son tas de vêtements, se frotte les yeux en se remettant sur pieds et s'élance en s'écriant.

— Madame ! Rassurez-vous et pardonnez à l'audace d'un...

Epouvante !

L'être humain auquel il se heurte, c'est M. Tordoy lui-même, effaré, un bougeoir à la main, en foulard et chemise de nuit... et ce coup de scène donne au malheureux Jules l'intuition de sa situation, telle qu'elle est, dans toute son horreur.

La personne qui montait chez Stéphanie à minuit et demie, ce n'était pas Monsieur... c'était Madame !

L'AMOUR A TOUT AGE

Pour Jean Richepin.

Il demeurait au rez-de-chaussée d'une vieille maison, dans une rue sans passants, la rue de Condé. Chaque matin, il se levait à dix heures, s'habillait, ouvrait sa fenêtre et fumait une cigarette. C'était un vieux garçon las de plaisirs, vivant modestement, assez bonhomme, fort instruit et passablement philosophe.

Depuis une quinzaine, chaque jour, à la même heure, passait une fillette de douze ans, toute simple, revenant de l'école et qui chaque fois s'arrêtait une seconde, fixait sur lui deux yeux brillants, puis souriait et s'éloignait.

Un lundi, il avait mis des fleurs sur le bord de sa croisée. Elle osa lui en demander.

Il lui en donna. Et, de ce moment, il y eut toujours des fleurs à la fenêtre du vieux garçon, quand il ouvrait ses contrevents ; et, à chaque passage, la mignonne y faisait sa moisson.

Il advint pourtant qu'un matin, le bonhomme fatigué d'avoir lu jusqu'à une heure avancée de la nuit s'éveilla et se leva très tard. Sa première pensée fut pour sa petite amie ; et regardant sa pendule il s'effraya que l'instant du bonjour quotidien fût écoulé depuis longtemps. Vite il passa sa robe de chambre et courut au petit salon dont la fenêtre ouvrait sur la rue de Condé.

Surprise charmante : ses contrevents mal clos, la veille, avaient été tirés ; et la fillette, grimpée sur le rebord, était couchée contre la fenêtre fermée, endormie d'avoir attendu, la tête sur l'appui, ses livres d'écolière près d'elle.

Alors un flot de sang monta aux tempes du vieux garçon. Les yeux injectés, les mains frémissantes, il ouvrit brusquement la croisée, saisit l'enfant endormie, l'attira violemment et la laissa glisser sur le parquet. Il referma la fenêtre. La tête de la petite, dans la chute, avait porté sur l'angle d'un meuble. Le sang avait jailli. Elle retomba, évanouie.

A cette vue, l'homme tressaillit. Un éclair de raison traversa sa cervelle.

Rendu à lui-même et maître de lui désormais, il courut à son secrétaire, écrivit à la hâte ces quelques lignes sur un feuillet arraché à son agenda :

« Cette enfant est entrée par hasard chez moi. Son apparition a bouleversé mes sens et je me suis vu près de commettre un abominable crime. Elle s'est blessée. Elle s'est évanouie. Elle est à ma discrétion... et je me tue pour ne pas la violer.

« Je n'ai ni parents ni ami. Je lui lègue tout ce que je possède. »

Puis l'honnête vieux garçon signa sa confession, prit son revolver et se fit sauter la cervelle.

. . . .

Ce drame date de loin.

Toute la vie de l'enfant s'est écoulée depuis. La libéralité du suicidé l'a faite riche. Ses parents l'ont brillamment élevée. Elle a grandi, heureuse, jolie et fêtée. Elle a fait un beau mariage. Elle a été une femme très élégante, très courtisée. Elle a eu des aventures ; elle s'est illustrée de quelques scandales.

Maintenant elle a cinquante ans, et c'est une personne assagie, posée et considérée.

Sa dernière toquade a été d'entretenir un petit élève du Conservatoire — classe de tragédie, tout joli, tout frais, imberbe. Ses rides, ses cheveux gris rebutent un peu le chérubin qui la moleste et l'appelle « *la vieille* ».

Un soir, dans le cabinet de toilette, il a remarqué un antique pastel, portrait oublié du vieux garçon de la rue de Condé ; et, gouailleur, il a demandé.

— Qu'est qu' c'est qu'ça, la vieille ?... Un ancien à toi ?

Elle hausse les épaules.

— Ça, mon p'tit... c'est quand j'étais petite... un vieux saligaud qui...

Et elle lui conte l'histoire de la rue de Condé.

Lui, la fixe durement.

— Dis donc, la vieille... Si ça n' t'avait pas réussi avec moi... est-ce que tu m'aurais fait aussi un chouette testament ?

AMOUR-PROPRE

Pour Paul Adam.

Lucien Brune, peintre de trente ans, gardait pour modèle attitré une merveilleuse créature, très belle, très intelligente, très au-dessus de sa condition et bizarrement romanesque, Berthe, dont il était amoureux fou et n'avait jamais pu obtenir la moindre faveur. Il apprit qu'elle avait pour amant un nommé Charlot, affreux bonhomme, débile, imbécile, hideux, hargneux, qui vivait à ses crochets et la rendait horriblement malheureuse. Elle l'avait ramassé crevant de faim, lui avait livré son corps magnifique et, depuis, l'entretenait de ses gains de modèle. Lucien n'y tint plus, chercha le bonhomme, le trouva un soir faisant en pleine rue une scène violente à la belle fille qui se laissait malmener sans broncher. Lucien se précipita, prit le nabot par les épaules, le fit pirouetter et le rossa. Mais Berthe s'était avancée. Elle se plaça entre les deux hommes et dit à Lucien avec une colère contenue :

— Monsieur ! vous avez été bon pour moi... Je ne vous ferai rien... Mais ne vous avisez plus de toucher à Charlot... Tout est fini entre nous et je n'irai plus poser dans votre atelier...

Lucien effrayé par la perspective de perdre Berthe se confondit en excuses, jura qu'il regrettait sa violence. A ce prix, on fit la paix.

Lucien les ramena tous deux à son atelier, les y installa ; et, de ce jour, Charlot et Berthe furent les maîtres de la maison. Lucien hypnotisé par la volonté de celle qu'il désirait presque sans espoir s'évertuait à combler de gâteries son incroyable rival.

Cela dura quelque temps. Puis un beau jour Berthe, le trouvant las et triste, lui dit, attendrie :

— Ecoutez, Lucien ; vous pensez bien que je ne puis rester indifférente à vos bontés... J'ai du cœur, moi, et je comprends... Seulement, gardons Charlot !

Et comme Lucien frémissait :

— Tu ne comprends donc pas ! lui dit la belle fille en lui passant dans un élan ses bras au cou... Tu ne comprends donc pas que beaux, intelligents et nobles comme nous sommes tous deux nous ne pourrons jamais faire que l'un de nous deux s' « impose » à l'autre. — Et pourtant il n'y a pas de passion sans cela. Pour moi je ne trouverai jamais dans mon orgueil qu'un homme soit assez supérieur à moi pour me maîtriser... Or, toute femme doit soumission... Je préfère donc donner cette soumission à un être indigne de moi... Comme cela je reste consciente et mon amour-propre s'en moque au lieu d'en souffrir... De chair et d'âme, je puis être à toi,... mais par passivité, jamais !... Laisse cela à Charlot... et donnons-nous le reste dans de joyeux baisers.

BON GOUT

Pour Louis Gallet.

Aigueville est un petit port artésien où une colonie parisienne vient chaque été, respirer un peu de bon air sauvage. Les filles du cru ont la beauté saine et brune des matelottes, le long de la côte boulonnaise.

Ces messieurs de la capitale, galants, gais et la plupart jeunes se gênent peu pour mettre à mal ou à bien toutes ces vertus de bonne volonté. Personne d'ailleurs ne s'en plaint dans le pays ; et c'est tellement passé dans les mœurs que chaque année les belles filles qui ont été plus particulièrement distinguées par les Parisiens réputés gens de bon goût, y gagnent comme un certificat de beauté et trouvent plus facilement des épouseurs.

Il en est une pourtant qui s'est gardée pure et hautaine en dépit des plus acharnés assauts. C'est Jeanne, aux grâces blondes et délicates, la fille de l'épicière et la fiancée d'un fils de fermiers, Achille Moreau, lequel achève son temps de régiment. Et les heures coulent pour elle, froides et lentes dans cette attente fidèle. Les messieurs de Paris ont souri courtoisement et n'ont pas insisté.

Or voici qu'Achille revient. C'est un beau gars que le régiment a dégourdi. Il a garnisonné dans les villes et peut en conter long aux conscrits de l'an prochain.

Fête au pays pour le recevoir : tout le jour, beuveries et ventrées; puis, le soir, bal aux lanternes devant le port.

Enfin Achille glorieux et allumé prend Jeanne à part :

— Dis donc... c'est toujours convenu entre nous ?

Les yeux de Jeanne ont brillé de joie. Comme elle l'aime et comme elle est heureuse !

— Et à propos... demande encore Achille... Les Parisiens ?

Jeanne ne répond pas ; mais dans son regard luit la fierté de sa victoire.

Or le front d'Achille s'est rembruni.

— Ainsi, insiste-t-il, tu n'as pas...

— Oh !... Achille !... Peux-tu croire...

— Quoi ?... Rien de rien ?... Mais alors, ma chatte, r'tourne d'où qu' tu viens ! J' n'en veux point d'une dont les autres n'ont point voulu...

AU BAL DOURLAN

Pour Aristide Bruant.

Tout de suite, dès l'entrée, il l'avait distinguée dans la foule des chahuteuses, grande, souple, forte, les cheveux noirs massés en une lourde grappe qui sautait sur la nuque ronde et brune, à tous les heurts du quadrille. Un jersey rouge moulait son buste large, ses reins solides, ses bras élégants.

La danse finie, elle passa. Ce fut elle alors qui le distingua, si joli, l'air si vainqueur, avec sa moustachette rousse, s'effilant, et le sourire de ses coquins d'yeux noirs.

Les choses ne traînèrent pas. En cinq minutes ils furent amis et cela se jura devant un saladier de vin chaud bien poivré. Et ils causèrent :

lui, de choses et d'autres ; elle, de ce qu'elle faisait. Elle y mettait, dans la fièvre enthousiaste du béguin, une confiance extraordinaire, voulant qu'il la connût bien, qu'il sût tout de suite à qui il avait affaire.

— Alors, demanda l'homme, le coup de fric-frac de la rue Demours, tu en étais ?

— Pour sûr ! C'est moi qui faisais l'allume pendant que l'Ecureuil crevait la vioque... j'ai eu six linvés pour mon fade.

A la sortie, il lui offrit de la mener chez lui. Ils prirent un fiacre avenue Wagram et il donna au cocher l'adresse sans qu'elle entendit. Elle se laissait faire, ravie, ne se demandant que très vaguement comment il comprenait les choses, si ce serait lui ou elle qui paierait... Un détail !

Et ils roulèrent, se berçant aux secousses de la guimbarde close, muets, bien serrés, — une demi-heure de fiacre, sans songer à regarder aux vitres.

Enfin on s'arrêta.

Lui, sauta lestement à terre. Elle descendit à son tour. Où était-elle ? Un grand monument, une voûte, une cour... et tout de suite elle se trouva entre deux municipaux qui lui serrèrent les poignets. Elle eut un juron :

— Nom de Dieu!... Ayez donc des béguins!... Il était d'la rousse et me v'là au Dépôt.

Et comme les municipaux la traînaient sous le vestibule elle l'aperçut toujours fiérot et joli, accoudé à la rampe et causant avec un inspecteur.

Elle eut tout de même un regret pour ses beaux yeux et sa fine moustache.

— Gros bête!... T'aurais pas pu au moins attendre à d'main!

COUSIN, COUSINE

Pour le comte Léonce de Larmandie.

Cousin, cousine, ils ont été élevés ensemble. Un temps de collège, de régiment et de quartier latin pour lui, — un temps de couvent pour elle ; puis ils se revirent et on les maria, tout naturellement.

Cousin est un élégant parisien, amateur d'art, de lettres et de théâtre, bon sportman, bon clubman. Il connaît et fréquente tous les mondes, a su doucement s'affranchir des ordinaires contraintes conjugales, dîne et soupe çà et là, rentre chez lui n'importe à quelle heure et dans n'importe quel état sans que Cousine, restée toute bébé, ignorante et confiante, s'étonne ni s'inquiète.

Cousine est une petite sauvage, jolie et farouche. Elle adore et admire son mari si beau, si artiste, si fringant. Par les journaux, par quelques confidences elle le sait vaguement occupé à devenir quelqu'un de brillant, quelqu'un de célèbre et ne l'interroge jamais.

Cousin l'aime bien, en grande camarade, comme il aime bien tout ce qui ne le contrarie pas. Cette fraîche candeur de petite femme pas formée, pas instruite le divertit même souvent, le surprend et le charme — et quand il est un peu las des autres, il ne dédaigne pas de passer chez lui une bonne et reposante soirée conjugale. Du reste il ne l'a jamais approfondie, ne la connaît que d'épiderme et l'estime provinciale, charmante et sans conséquence.

Or voici que Cousine est enceinte.

Puis, la voici au terme de sa grossesse. Ce sera pour demain, pour aujourd'hui peut-être. Cousin très correct ne quitte pas son chevet. Il a même envoyé la garde se reposer et veut veiller lui-même, en attendant les prodromes de l'événement. Il fait très chaud. Il a mis bas sa jaquette et passé un veston de foulard. Au bout d'un moment, il se souvient d'une lettre d'affaires à écrire et à faire porter. Cousine ne se plaint pas. Elle ne souffre pas en ce moment : il peut la laisser seule. Il passe dans son cabinet, le temps d'expédier le courrier urgent.

Cousine, à qui son mal laisse un répit, trouve que son aimé reste longtemps absent, et s'ennuie. De la poche de la jaquette, le portefeuille de Cousin a glissé sur une chaise, à portée de main. Pour se distraire, elle tend le bras, prend le carnet et fourrage les pochettes : des petits bleus de rendez-vous, des billets avec des noms de femmes, deux ou trois photographies avec dédicaces scandaleuses... O l'abominable trahison !... Tout s'écroule !

Elle se lève, triomphant des lourdeurs de son pauvre corps, par volonté et par force de douleur et de colère. Elle se traîne jusqu'à son secrétaire et, dans un tiroir, prend un revolver mignon.

— Je ne puis plus le revoir !... Je ne puis plus vivre !

Elle cherche sous son sein la place de son cœur.

Puis, elle songe :

— L'enfant !

Alors elle abaisse le canon et, dans sa naïveté tragique, c'est sur son ventre qu'elle fait feu.

FAMILLE

Pour Jules Jouy.

Ce jeune homme s'était installé, seul d'abord, rue de Vaugirard, dans un modeste atelier, au cinquième d'une maison habitée par des peintres débutants. Il se faisait simplement appeler Albert. Il était sage et travaillait beaucoup, s'était fait de ses voisins, de bons camarades. C'était un gentil garçon, blond, le teint frais, gracieux et gai.

Un jour il lui vint une bonne amie, Mlle Clairette, une grande enfant, maigre, noiraude, aux yeux dévorants.

— C'est un excellent modèle pour l'expression, expliquait-il. Avec ça, bonne fille.

Et depuis lors, Clairette était admise aux mêmes camaraderies.

On les voyait très fidèles, s'aimant beaucoup et ne se quittant guère, le jour à l'atelier, le soir à la brasserie, rentrant de bonne heure, toujours pressés.

Or un soir qu'ils s'étaient par hasard attardés au café, entra brusquement une vieille femme, connue pour vendre des fleurs dans les restaurants de nuit de l'autre côté de l'eau.

— Hé !... La mère Géranium, lui criait un étudiant... Qu'est-c' que tu viens faire au Quartier Latin ?... Il y a donc relâche à l'Américain ?

Mais la vieille ne répondit pas, posa sa corbeille et marcha droit au groupe où trônaient Albert et Clairette. Les deux enfants, à son approche, rougirent et tremblèrent.

Alors la vieille bouscula tout, sauta sur Clairette, et la traîna par la salle en la cinglant de gifles. Albert ne bougeait pas. Ses amis se précipitèrent.

Mais la vieille, sans lâcher Clairette, les arrêta d'un geste :

— Ah ! mes bons messieurs... laissez-moi faire... Si vous saviez ! Je me tue à trente-six métiers pour que mes enfants soient élevés en bourgeois... et voilà ce qu'ils font de mon pauvre argent... Cette coquine-là, c'est ma fille.

Puis, montrant Albert.

— Et cet autre, là-bas, qui ne dit rien... c'est mon fils !

POUR ACQUIT

Pour Amilcare Cypriani.

Martin Chenne était le caissier de la grande maison Flibard et Cie. Un jour, il disparut, emportant à son patron sa femme, la belle Mme Hortense, et une cinquantaine de mille francs. Les affaires de maître Flibard n'en prospérèrent pas moins, et à ce point que cinq ans après il se retirait jugeant inutile de compromettre en de nouvelles spéculations les quatre millions qu'il avait conquis.

Il faut dire que c'était un horrible bonhomme, stupide, avare et méchant, et qu'il eût mérité d'être cent fois plus trompé et mille fois plus volé.

A l'étranger, Martin Chenne et Hortense épuisèrent vite leurs ressources et traînèrent une vie d'aventures misérables à laquelle ils succombèrent presque coup sur coup, laissant un bâtard orphelin. Celui-ci, Georges, fut recueilli par de bonnes âmes, à Buenos-Ayres. Il fut élevé tant bien que mal ; très doué, travailleur il sut, tout jeune, se tirer d'affaire. A vingt-six ans il vint se fixer en France avec une situation presque faite. Comment le vieux Flibard qui n'avait rien oublié, rien pardonné, apprit-il que le jeune homme était à Paris ? Toujours est-il qu'il connut son adresse et lui assigna un rendez-vous. Georges y fut exact.

— Monsieur, dit l'ancien négociant sans plus de préambule, votre mère a été ma femme. Votre père me l'a volée, il y a vingt-sept ans ; et il m'a volé aussi cinquante mille francs. Vous l'ignoriez ? Vous en doutez ? Voici quelques lettres qui vous le prouveront :

Georges Chenne pâlit ; mais il admit les preuves et répondit simplement.

— Monsieur, je gagne 12,000 francs par an. Laissez-moi 1,200 francs, strictement pour vivre. Le reste est à vous. En vous versant 900 francs par mois, et si vous me faites remise des intérêts, je vous aurai rendu au moins l'argent volé, dans cinq ans... Je ne puis que cela. Acceptez-vous ?

— Soit !

Et cela se passa très correctement.

Georges Chenne vint régulièrement, tous les premiers, faire ses versements. Flibard encaissait, puis lui tournait le dos, jamais attendri par l'effort de ce garçon qui s'usait, coulait sans joie les meilleures années de sa vie, se faisait passer pour avare, se nourrissait à peine, s'habillait des éternelles mêmes hardes et sacrifiait tout son être au rachat de son nom.

Et cinq ans après, comme il venait apporter les derniers 900 francs, Flibard, accoudé à sa fenêtre par un bel après-midi de mai, serra les billets bleus dans son vaste portefeuille, puis regarda fixement Georges et ricana méchamment.

Les yeux de Georges étincelèrent.

— Monsieur ! Pourquoi riez-vous ?

— Je ris, monsieur, parce que vous n'avez jamais songé à me demander vos reçus, et que je pourrais toujours, si je voulais, vous appeler fils de voleur et de catin.

Georges vit rouge, saisit le vieux monstre à la gorge, le fit basculer par-dessus l'appui et le chavira dans le vide. Puis il s'enfuit sans avoir été vu. Flibard s'était aplati sur la chaussée. On le releva le crâne en bouillie et l'on crut à un accident.

Georges, doublement affranchi, a repris plaisir à la vie. Il gagne et dépense joyeusement beaucoup d'argent. Seul témoin de son acte, il s'est fait son seul juge et s'est hautement acquitté.

LA PLACE VIDE

Pour Bernard Lazare.

Mme de Montèse a, le matin même, avisé Marcel Brégode qu'elle passera la soirée au Vaudeville et qu'elle occupera le fauteuil 11, au balcon. Marcel aussitôt a couru au théâtre louer le fauteuil 22, vis-à-vis.

Dès neuf heures, il vient à son poste. Les deux premiers actes se jouent sans que la chère amie paraisse. L'angoisse le prend. Qu'est-il arrivé ? Il s'hypnotise à fixer cette place vide en face de lui. Et, peu à peu, attendri par les sentimentalités du spectacle, par les paroles d'amour bénin qui se débitent en scène, alangui par la douce atmosphère de la salle, demi-somnolent, il rêve.

Il entrevoit, non pas Mme de Montèse, mais son image fantomatique.

Par jeu d'imagination, il la crée telle qu'il eût souhaité la voir et l'installe où elle devrait être. Il lui compose une toilette et des attitudes, conçoit ses bras ainsi placés, sa tête suivant telle inclinaison — les bijoux préférés à ses doigts et à son col — les fleurs les plus aimées dans ses cheveux.

Mais la pièce est finie. Les ouvreuses s'emparent de Marcel, puis le flot de la foule le porte de couloirs en escaliers jusqu'à la sortie. Il rentre chez lui, ahuri, désolé, se couche, s'endort et se livre aux pires cauchemars.

Au matin seulement il est réveillé par un commissionnaire apportant un billet.

Il décachète et lit :

— « De ma vie, je ne vous reverrai. Votre insolence et votre cruauté m'ont lassée. L'insistance que vous avez mise hier à ne pas me regarder et à lorgner ironiquement cette stalle vide à côté de la mienne, le soin que vous avez pris de ne pas vous trouver sur mon passage à la sortie, tout cela me dit clairement que vous demandez votre liberté. Je reprends la mienne. Adieu ! »

7.

MATERNITÉ

Pour Henry Becque.

Gérôme Dupré, gros cultivateur nivernais était célibataire encore à quarante-cinq ans. Mais il convoitait depuis longtemps une fille du bourg, Martiale, qui avait eu déjà un enfant, hors mariage, et qui végétait au pays, abandonnée et honnie. Elle était aussi pauvre que jolie. Gérôme Dupré lui fit enfin ses offres ; et elle consentit à l'épouser, pensant assurer ainsi le sort de son fils naturel, le petit Pierre.

Tout alla bien d'abord.

Gérôme Dupré qui n'avait eu jusqu'alors d'autre souci que le gain, d'autre passion que la cupidité s'amollissait sur le tard en besoin de tendresses familiales. Il était bon pour Martiale, bon pour le petit Pierre qu'il avait bientôt aimé comme s'il eût été de son propre sang. Et Martiale était tout heureuse de l'avenir promis à ce bâtard qui serait riche un jour si personne ne venait lui disputer l'héritage du bonhomme.

Or tout s'assombrit.

Martiale devint enceinte de son mari. Et cette constatation vint détruire le placide bonheur du bon ménage. Martiale eut le pressentiment de ce qui adviendrait. Gérôme Dupré reporterait toute son affection sur le petit être qui serait sa créature à lui. Et la mère exclusive souffrait déjà d'une jalousie anticipée en prévoyant ce second fils qui allait naître de sa chair pour détruire le bonheur du premier.

A mesure que le terme de la grossesse approchait, elle s'exaspérait davantage, en son courroux contre Dupré, contre elle-même.

Une nuit elle partit. Elle gagna la rivière, détacha un bateau et se laissa aller à la dérive. Quand elle fut au large, sa résolution était prise. Elle disparue, Jérôme Dupré resterait seul avec le petit Pierre et, n'ayant plus que lui, lui garderait toute l'affection promise. Offrant sa vie à l'avenir de l'unique enfant aimé, noyant, détruisant avec elle l'embryon humain qui palpitait en ses entrailles, mais, qui n'eût été pour elle que *le fils à Dupré,* et qu'elle se refusait à mettre au monde, elle se laissa couler dans le fleuve.

EN CHAUSSETTES

Pour Eugène Baillet.

Le bal était dans son plein entrain. Le bel hôtel du baron Tardemer flamboyait par toutes ses fenêtres. Lorsque Sidney fit son entrée, tout de suite il rencontra l'œillade de la belle Mme Guadiana qui lui demanda :

— Invitez-moi !

Puis sans attendre elle se leva, se fit saisir et, roulant avec lui dans les vagues d'une valse, finit par lui dire.

— M'aimez-vous toujours ? Il me faut douze mille francs demain matin. J'ai fait une folie. Mon mari doit l'ignorer... Je sais que je tombe mal... que vos affaires sont en mauvais état... Mais il faut... il faut... Trouvez cet argent par tous moyens et apportez-le-moi avant onze heures à notre rendez-vous.

Sidney se mordit les lèvres pour ne rien répondre. Il fit un simple signe de tête qui était une promesse et, la valse finie, quitta son amie.

Elle tombait mal, en effet, la bonne Guadiana. Sidney était à sec et pour longtemps, sans crédit... N'importe ! Pouvait-il dire non ?

Il inspectait toutes ces figures connues ou inconnues, circulant par les salons et suppliait tout bas le dieu Hasard de le mettre en présence de quelque bonne tête confiante. Il rencontrait des gens qui lui devaient de l'argent, d'autres auxquels il en devait, mais aucun n'avait la mine du monsieur rare qui lui mettrait dans la main douze billets de mille à première requête.

Soudain en frôlant une table de jeu, il vit un jeune homme battre distraitement un paquet de cartes, attendant sans doute quelqu'un qui lui proposât la partie.

— Essayons ! se dit Sidney.

Et il s'assit devant le solitaire : une mine chiffonnée et pâlotte de noceur, des traits fins, l'air ennuyé et spirituel d'un blasé précoce.

— Un écarté ? demanda Sidney.

Le jeune homme répondit par un geste vague et indifférent.

— Bonne tenue ! pensa Sidney.

Et l'on s'engagea.

On alla vite et les parties se succédèrent selon un crescendo véhément. En quatre heures, sans avoir soufflé, Sidney gagnait seize mille francs et trouvait toujours le même sourire impassible sur les lèvres de son adversaire.

— Arrêtons-nous, monsieur ! fit le vainqueur. J'ai ce soir une veine absurde et les revanches ne serviraient qu'à vous enferrer davantage. Vous me devez huit fois cent louis... Je serai chez moi demain toute la matinée. Voici mon adresse. J'espère qu'en une autre circonstance...

Mais le jeune homme repoussa la carte de visite.

— Inutile, mon cher monsieur. Voulez-vous me faire le plaisir de jeter un coup d'œil sous cette table ?

Sidney étonné se baissa et regarda. Son adversaire de tout à l'heure était en chaussettes ; et ses escarpins vides reposaient entre ses pieds.

— C'est bien simple, expliqua le jeune homme. Je suis employé dans un ministère et je gagne deux cent dix francs par mois. J'ai obtenu une invitation à ce bal, par un de mes amis qui est répétiteur des enfants Tardemer. Mais, comme je ne connais personne je m'embêtais férocement en attendant le souper... Et puis j'avais des bottines trop étroites. Je n'y pouvais plus tenir, lorsque j'ai vu cette table de jeu déserte et tranquille dans ce coin discret. Je me suis déchaussé et je cherchais une contenance en tripotant ces cartes, quand vous êtes venu me tenir compagnie. Voilà près de cinq heures que je suis à ce poste. On ne soupe pas et je tombe de sommeil. Je vais filer. Quant à vos huit fois cent louis... tenez, cher monsieur, vous me semblez avoir un petit pied... peut-être mes escarpins vous iront-ils... En ce cas je les déposerai demain chez votre concierge... C'est tout ce que je peux faire pour vous.

AUTRE MUSIQUE

Pour Emile Goudeau.

On la trouvait bizarre, la jolie Dizy. Passionnée pour toutes les formes surnaturelles de l'art, elle suffoquait sa bonne grosse famille. Jeune fille, elle dévorait tous les périodiques superlittéraires, suivait fervemment les expositions de peinture et de sculpture mystiques, se gorgeait d'auditions symphoniques et de musique d'église. Le symbolisme pénétrait en elle à toute occasion et par tous les organes ; et ses jolis yeux et ses roses petites oreilles n'étaient que d'adorables huis par où se glissaient à toute heure du jour des sensations artificielles de couleur et de rythme.

On la maria cependant à l'excellent baron

Stein, personnage dépourvu d'au-delà, sportsman méticuleux, bien renté et éminemment correct.

Dizy laissa faire ; mais aucun des préparatifs de son mariage ne l'émut, ni ne l'intéressa. Stein, en lui faisant sa cour, la considérait avec quelque inquiétude d'une telle apathie. Il ne lui vit un premier instant de trouble et ne la sentit vraiment impressionnée que le jour même de la solennité à l'église, lorsque les orgues de Saint-Pierre de X... merveilleusement excitées par les doigts d'un maître instrumentiste, Julius Debron, versèrent sur la cérémonie leurs harmonies prestigieuses.

Stein fut ravi de voir Dizy frissonner enfin.

Quelques heures plus tard en s'embarquant pour leur voyage de noces, ils en reparlèrent. La jeune femme réfléchit un peu, puis se prononça :

— Je sais, dit-elle, que mes habitudes sont toutes à l'encontre des vôtres. Mais vous êtes un aimable homme et je ne veux pas être, moi, une épouse tracassière. Je vous ferai volontiers le sacrifice de la plupart de mes anciennes prédilections. Je ne vous demande même que d'en respecter une seule : ma passion pour la musique religieuse. Celle-là, je pense, n'est pas de nature à vous inquiéter. Donc, à notre retour, dans notre hôtel, vous me ferez installer un oratoire à mon goût. Il y aura un orgue que je vous prierai de me choisir excellent et nous demanderons à M. Julius Debron de me donner quelques séances.

Stein ne fit aucune difficulté.

Le voyage de noces s'effectua, court et quelconque. On revint s'installer à Paris. L'oratoire fut aménagé. L'orgue y fut placé et Dizy put convoquer Julius Debron.

Celui-ci, qu'elle voyait pour la première fois de près, taille menue, tête forte, yeux immenses et flamboyants dans une face pâle et maigre écouta les offres de la baronne, la considéra, réfléchit et dit :

— Madame, vous cherchez un ami pour vos rêves. Or je ne saurais être tel que dans le mystère de mon église. Sorti de là, je ne suis plus qu'un bon père de famille ayant charge de quatre enfants et ne courant le cachet que pour apporter quelques petits suppléments à mon budget de ménage. J'aime ma femme, ma famille, mon art... et c'est tout.

Une onde rose passa sur le front et les joues de Dizy.

Elle avait lu dans les yeux inquiets de Julius de singulières appréhensions. Et surtout elle devina que le baron Stein avait un peu causé avec l'organiste et lui avait fait quelques recommandations formelles et intimidantes.

Elle haussa les épaules, et ferma l'orgue :

— Adieu donc, monsieur... Mais si vous avez quelque ami qui se consacre à la musique d'opérette ne manquez pas de me l'envoyer. Je m'entendrai sans doute mieux avec lui.

COUP DOUBLE

Pour Paschal Grousset.

Mme Héry, veuve d'un gros commerçant suicidé après ruine et faillite a dû retirer de pension sa fille Mathilde. Elles habitent, rue Linné, un logement de trois pièces au sixième. Mme Héry, honnête personne de trente-six ans, a placé sa fille dans une maison de lingerie. Nourrie et appointée de quatre-vingts francs par mois, Mathilde, jolie enfant rieuse et charmante, toute sage et toute simple, rentre chaque soir à neuf heures.

La mère gagne aussi quelque argent « à faire de la couture », dit-elle à sa fille, en réalité, à poser chez des sculpteurs qui se disputent son corps admirable dans la plénitude d'une beauté accomplie et puissante. Les deux femmes se sont ainsi refait une discrète aisance et vivent presque heureuses.

Hélas ! par un irritant après-midi de mai, Mᵐᵉ Héry cède aux obsessions d'un des artistes qui l'emploient, Paul Gaudin, un prix de Rome fraîchement revenu de la villa Médicis ; et dans cette explosion d'ardeurs éveillées brusquement après avoir trop longtemps sommeillé, elle s'éprend de lui follement.

Toutefois elle sait se souvenir de Mathilde et garder la plus ferme retenue. Un jour la mère et la fille se promenaient ensemble. Paul les a rencontrées. Il allait saluer lorsqu'un regard de sa maîtresse l'a averti qu'en dehors de leurs rendez-vous à l'atelier, ils devaient être des étrangers l'un pour l'autre.

Mais quand elle est près de lui, elle le gorge, l'étouffe d'amour jusqu'à l'en rassasier. Enfin, si elle connaît, à une heure où elle n'espérait plus rien de ses sens, toutes les ivresses et toutes les joies de la passion, elle n'a pas tardé à en ressentir les fatales angoisses.

Lorsque la présence de Mathilde la retient au logis, elle souffre de penser que Paul garde libres toutes ces heures où ils ne se voient pas :

le matin, le soir, la nuit. Elle connaît la peur obsédante des trahisons possibles. Puis elle a d'autres inquiétudes. Elle sent que si elle est toujours pour Paul la grande amie, la maîtresse bénie et vénérée, elle a cessé d'être à ses yeux d'artiste le type élu d'idéale beauté, le modèle parfait, immuable.

A côté des ébauches qui encombrent son atelier et où il a répété tant et tant de fois les détails subtils, les gestes familiers, les attitudes, les intimités précieuses de sa forme splendide, elle le voit maintenant en d'autres esquisses atténuer l'ampleur des contours, chercher des lignes plus frêles, plus graciles. Dans ces morceaux nouveaux elle retrouve toujours quelque chose d'elle, mais plus jamais « *elle* » tout entière, uniquement et absolument « *elle* ».

Que se passe-t-il ? La flamme de jalousie est allumée en son être. Pour l'éteindre, il faudrait des preuves, des certitudes.

Dans les figures que Paul esquisse maintenant, Mme Héry ne revoit plus son corps actuel, mais plutôt le corps qu'elle avait ; ce qu'elle était il y a vingt ans ; presque son corps de vierge que Paul n'a pas connu. Comment Paul l'a-t-il deviné, reconstitué ?

Dès lors, fiévreuse, n'osant et ne pouvant interroger, elle attend qu'une occasion se présente d'aller le surprendre à une heure où il ne l'espérera pas. Or précisément Mathilde fournit cette occasion. Depuis trois ou quatre jours, elle rentre une heure plus tard et, un samedi, elle télégraphie, du magasin, à sa mère, qu'on a reçu des commandes pressées, qu'il ne faudra pas l'attendre, qu'elle veillera tard et peut-être passera la nuit.

Ainsi, en toute sécurité, Mme Héry pourra sortir librement dans la soirée. En sa dernière visite, elle a emporté une double clef de l'atelier. A onze heures, Mathilde n'est pas rentrée. Il n'y a plus en effet à l'attendre. L'amoureuse sort, court chez le sculpteur, monte doucement l'escalier, et, avant d'entrer, regarde par une fente de la porte. Il y a de la lumière. Elle n'hésite plus. Elle ouvre et elle pénètre. Un double cri d'effroi l'accueille; elle y répond par une imprécation et s'affaisse, serrant ses poings sur ses yeux.

En pleine clarté elle a vu se dévoiler d'un coup le mystère d'art et d'amour, elle a vu devant le sculpteur le beau corps adolescent d'autrefois ressuscité, son corps délicieux d'il y a vingt ans, — elle a vu debout sur la table à modèle, Mathilde, sa blanche Mathilde, nue, en une pose altière et charmante de divine chasseresse.

LA BONNE MAISON

Pour Willy.

Jean Gibonal, le camarade et l'émule de notre excellent Plantureau, hérita un beau matin d'un sien parent éloigné, un bel immeuble de quinze appartements sur le boulevard Pereire, plus soixante mille livres de rentes. Comme cette succession n'était pas contestée, les titres lui furent remis presque aussitôt et il entra en jouissance.

Gibonal qui avait été un locataire peu régulier devait faire un propriétaire anormal. Il eut tout d'abord l'idée guère banale de faire insérer dans le *Gil Blas* l'annonce suivante :

JEUNES FEMMES ayant vieux maris et désirant se loger économiquement peuvent adresser de suite leurs photographies à J. G. poste restante, bureau 99. Il leur sera répondu. Grandes facilités pour les quittances. Eau et gaz à tous les étages.

L'annonce eut un tel succès qu'au 15 octobre, le 635 bis du boulevard Pereire était occupé du haut en bas par quinze ménages étranges : tous maris sexagénaires et toutes épouses de dix-huit à vingt-cinq printemps. Les statistiques nous apprennent que de telles unions sont fréquentes à Paris surtout dans les classes de la petite bourgeoisie peu aisée.

Et Jean Gibonal informa ses amis. Pendant trois termes consécutifs, il donna, la veille de chaque échéance un grand dîner aux quinze jeunes femmes de ses quinze vieux locataires et chaque fois y convia quatorze de ses meilleurs amis. Le lendemain il invitait à déjeuner les quinze maris et chacun d'eux au dessert trouvait sa quittance dans une papillote.

Chacune de ces dames à tour de rôle devait prendre rang de favorite. Le renouvellement avait lieu à la remise de chaque quittance et l'élue de Gibonal recevait le titre envié et vénéré de « Reine du Terme ». Ces mœurs patriarcales faisaient de cette maison la plus joyeuse du quartier.

Or il advint un désastre.

Gibonal apprit que son héritage venait d'être très légitimement contesté. Un procès s'ensuivit.

L'aimable garçon le perdit, et comme il haïssait la chicane, il préféra se laisser passivement reprendre son immeuble et ses rentes que de traîner davantage chez les avoués.

Quand les nouveaux propriétaires entrèrent en possession, Gibonal dénué de toutes ressources s'avisa de demander la place de concierge, et l'obtint, grâce à une pétition des locataires unanimes dans leur reconnaissance.

LA FEMME DE CHAMBRE

Pour Jules Case.

Pierre Laudier vint passer deux mois d'été à Chartrettes, chez la tante Marceline. Tout de suite il remarqua la jolie et fraîche frimousse d'une petite paysanne orpheline, recueillie par la bonne dame et qui servait un peu à tout dans la maison. Pierre ébaucha quelques compliments d'attaque galante à l'aimable enfant qui sembla les prendre assez bien ; mais il s'en tint là, un événement de majeure importance étant survenu assez tôt pour détourner l'attention de Pierre et lui faire oublier cette amourette avant qu'elle fût même éclose.

Une amie de tante Marceline, Mme de Terrenette, arriva à l'improviste avec sa fille Blanche pour passer une huitaine à Chartrettes. Blanche était parfaitement séduisante. Comme cela se devait Pierre en fut très épris, se déclara de suite, fut accueilli avec empressement et passa fiancé.

Lorsque les dames de Terrenette repartirent, tout était convenu. Pierre, devançant le terme de sa villégiature, revint régler ses affaires de garçon. D'un commun accord le mariage aurait lieu au prochain printemps et à Chartrettes même.

Ces dix mois s'écoulèrent vite. Mais Rose, la petite paysanne si lestement oubliée, n'oubliait pas, elle, le beau jeune homme qui lui avait pris la taille un soir et depuis ne l'avait plus même regardée.

A la date fixée, Pierre épousa Blanche. Dans l'après-midi même ils partaient pour Paris devant y séjourner quelques jours avant le voyage de rigueur. Tante Marceline céda Rose qui accompagna Blanche comme femme de chambre. Elle avait bien souffert depuis un an, la petite. Jamais encore autant que ce jour-là. Jamais autant que le soir de l'arrivée à Paris où elle dut préparer la chambre de la mariée. Muette et les yeux brillants, elle fit sa corvée, tandis que Pierre et Blanche étaient allés chercher un peu d'air frais au Bois.

Depuis le matin, enragée de douleur, Rose s'obstinait au plus tragique projet. La chambre faite, elle emplit de charbon de bois un vase de fonte et le cacha sous la couche. Puis elle s'assura que les fentes des portes avaient des bourrelets, que la cheminée fermait et que les fenêtres joignaient bien.

Pierre et Blanche rentrèrent enfin. Ils renvoyèrent la petite bonne à sa chambre et se hâtèrent vers le lit d'hymen. Rose ne s'éloigna pas et resta toute la nuit, l'oreille collée à la cloison, recevant en plein cœur tous les cruels échos de baisers. Elle haleta ainsi bien des heures. Puis lorsque les deux jeunes gens vaincus, épuisés se laissèrent chavirer d'ivresse et roulèrent enlacés dans la vallée des songes, Rose, haineuse et criminelle, rentra dans leur chambre, se coula sous le lit, alluma le réchaud avec une adresse et des précautions infinies, puis s'étendit brisée, glacée, aux pieds de ses maîtres et appela la mort sur eux et sur elle.

Rose couchée au niveau du réchaud fut assez promptement étouffée tandis, que l'élévation du lit préserva Pierre et Blanche qui s'éveillèrent au matin, la tête à peine plus lourde.

Mais quand, atterrés, ils virent sur la descente de lit le cadavre de la fillette, quand, oppressés, ils eurent cherché et trouvé le réchaud assassin, ils n'échangèrent pas une parole et ne se regardèrent pas. Pierre ne se souvenait de rien. Blanche comprenait à demi. La petite morte gardait son secret. Et Rose alors fut mieux vengée que si elle leur eut donné la mort; car elle avait dès ce premier matin de leur amour fait surgir entre eux le troupeau rongeur des doutes qu'on ne formule pas, des soupçons qui se taisent et qu'on garde, toute la vie, sans jamais s'interroger.

UN MARI

Pour Paul Arène.

C'est au parc Monceau, un soir d'été, dans l'enchantement des feuillées percées de lumière électrique. Elle attend quelqu'un qui ne vient pas. Plantureau passe. Lui, n'attend personne. Il la remarque jolie, élégante, assise seule, sous un arbre. Il s'arrête, parle. Elle s'ennuye. Elle répond. Plantureau prend une chaise, s'assied devant elle. Ils causent. Les voilà tout à fait amis. A onze heures, elle se lève : Plantureau ne sait vraiment à qui il a affaire.

Il se risque :

— Je vous accompagne ?

— Volontiers.

Elle le regarde en souriant.

— Vous savez... Je suis mariée...

— Diable ! Mais alors... jusqu'où puis-je aller ?

— Dame ! jusque chez moi !

Plantureau ayant pour système de laisser les mystères s'éclaircir eux-mêmes s'incline et n'objecte rien. Ils descendent l'avenue de Messine et s'arrêtent rue de Téhéran, devant une maison de bonne mine... La dame habite un très confortable rez-de-chaussée. Ils passent d'emblée dans la chambre toute jolie, toute parfumée : et la fête commence pour ne se terminer que tard dans la matinée. Vers onze heures la dame s'étant enfermée un moment dans son cabinet de toilette, Plantureau qui s'étire délicieusement voit la porte de la chambre s'ouvrir et livrer passage à un monsieur en complet d'appartement, chemise de foulard et bonnet grec.

Le bon garçon, sur son séant, salue de son mieux l'intrus. Celui-ci le considère, se découvre poliment et dit avec grand calme :

— Enchanté de faire votre connaissance... Je suis, moi... le mari !

D'un saut, Plantureau est sur pieds et se met vaguement sur la défensive. Mais la voix de la dame lui arrive du cabinet de toilette.

— Ne vous effrayez pas ! C'est vrai... C'est mon mari.. Mais dites-lui simplement que vous êtes ravi de l'avoir vu ; puis prenez-le par le bras et mettez-le dehors.

Ainsi fait Plantureau ; et, docile, l'étrange mari se laisse éconduire.

La dame reparaît et s'explique :

— Oui, c'est mon mari... Il est fou, complètement fou... fou à enfermer.

— Diable ! Et vous le gardez chez vous ?

— Que voulez-vous ? Cet homme a été excellent pour moi... Je lui dois d'être riche et relativement heureuse... J'agirais mal en l'abandonnant à des soins mercenaires... Sa folie n'est pas dangereuse... C'est un gâtisme très doux, sans malice, sans traîtrise, sans accès violents... Il ne me gêne pas plus qu'un singe familier ou qu'un caniche d'appartement... Je mène la vie qu'il me plaît de mener... Seulement, il a la manie, quand je... reçois, de venir déclarer qu'il est « le mari ». Mais vous voyez que c'est fort anodin.

C'était charmant.

Plantureau prit goût à l'aventure et, de ce jour, se fit l'hôte assidu de l'aimable femme. Pendant une quinzaine, il ne quitta pas la rue de Téhéran, dînant avec le fou, aidant à le soigner, à l'habiller, à le coucher.

Puis un beau soir, il eut une autre aventure qui le détourna un peu de sa nouvelle amie. On ne le revit pas de quelque temps rue de Téhéran. Il avait gardé une clef de l'appartement. Il savait que la dame, très éprise de sa propre indépendance, s'interdisait, d'être jalouse et respectait les caprices d'autrui. Il s'attendait donc, quand il reviendrait, à n'être ni mieux ni plus mal reçu que s'il était resté sage et fidèle.

Quand sa fantaisie fut passée, il songea donc sérieusement à revoir la femme du fou et à reparaître rue de Téhéran. Il s'y décida un matin, de très bonne heure, sans avoir eu d'ailleurs la prudence de s'annoncer.

Il retrouva avec joie le rez-de-chaussée, se glissa dans l'appartement et par des corridors connus, gagna la chambre hospitalière.

Hélas! comme il allait pousser la porte, un bruit de soupirs, un murmure de voix lui apprirent que les choses s'étaient très logiquement passées pendant sa fugue. L'abandonnée s'était déjà consolée et Plantureau avait un remplaçant.

Pour la seule fois de sa vie peut-être, il montra mauvais caractère et eut un moment d'humeur. Obéissant à ce premier mouvement, il ouvrit la porte et sauta dans la chambre. Il vit à son ancienne place un grand dadais blond, lequel sans broncher lui dit en le toisant :

— Ah oui ! Elle est bien bonne ; mais madame m'a prévenu. Vous êtes le mari ? Enchanté d'avoir fait votre connaissance... Et maintenant, veuillez vous retirer et nous laisser dormir en paix.

C'en était trop !

Plantureau vit rouge. Il s'élança sur le quidam et lui administra une maîtresse raclée. La dame d'abord fort inquiète avait pris le parti de les laisser se débrouiller.

Plantureau tapait toujours et l'autre beuglant, jurant, ramassait à la hâte ses habits, les enfilait, en parant de son mieux les horions et finissait par s'enfuir assommé, aveuglé, se cognant aux meubles, aux portes, avec de lamentables geignements.

Tandis que le victorieux Plantureau s'asseyait enfin un peu essoufflé et que la dame reprenait haleine d'une secousse de fou rire, l'éclopé courait droit chez le commissaire du quartier, montrait ses yeux pochés et ses innombrables coutusions. Sans scrupule il porta plainte et déposa formellement qu'une dame X... l'ayait attiré chez elle, et l'avait fait rosser par son mari, une espèce d'hercule qu'elle présentait comme fou.

Le cas parut bizarre et l'affaire eut des suites.

On ouvrit une enquête. La dame fut appelée. On fit une descente chez elle. On n'y trouva plus Plantureau. Mais on trouva le pauvre mari qui fut examiné par les experts. Sa folie fut constatée et qualifiée dangereuse. Le plaignant ayant disparu, il n'y eut pas de confrontation, Plantureau et la dame se gardèrent d'éclairer la justice sur les dessous de l'affaire et la scène de violence fut bel et bien attribuée à l'innocent aliéné.

On condamna la dame à une amende et on lui confisqua son mari. En somme ce fut lui qui paya les pots cassés, car un mois après il s'éteignait dans un cabanon d'hospice, non sans avoir éprouvé toutes les variétés de douches et d'applications électriques.

AU FUMOIR

Pour P. Gailhard.

Concert suivi de bal chez les de Pragins. Grand succès pour le violoncelliste Burgy, un beau méridional au teint mat, aux yeux enfoncés et vifs, longue barbe, longs cheveux brillants et bouclés d'un noir bleu magnifique.

M. de Pragins n'est pas sans ignorer que la comtesse sa femme, la rousse et vigoureuse Madeleine, est la plus compromise parmi les amies mondaines du violoncelliste. Il en sait même plus long qu'on ne croit; mais il est toujours amoureux, ne bronche pas devant le scandale et couvre héroïquement la folle comtesse de son respect.

Après le concert, le bal a été coupé par un

souper exquis et bruyant. Maintenant on est au cotillon qui s'annonce très animé.

On réclame la comtesse pour une distribution d'accessoires. Le comte, sourcils froncés, part à sa recherche. Il passe près d'un fumoir écarté.

Il en soulève la portière juste le temps d'apercevoir sur un divan la comtesse renversée par un baiser de Burgy. Mais à ce moment les caprices d'une farandole amènent de ce côté un flot de danseurs. Partis au galop du bout de la galerie, ils foncent droit vers le réduit.

Le comte rabat la tenture sur le tableau adultère et les bras étendus devant l'entrée barre la route aux envahisseurs.

— Pas par ici, messieurs, je vous en prie... ce malheureux fumoir est si petit que l'on y est déjà... les uns sur les autres...

VOISINAGE

Pour le vicomte Louis de Latour.

Lorsque Marguerite avait voulu que Raymond louât ce somptueux premier étage sur l'avenue des Champs-Élysées, elle ignorait que l'entresol fût précisément occupé par un sien cousin, Léopold, depuis longtemps en brouille avec sa famille. La première rencontre n'eut lieu que six semaines après, dans l'escalier; le jeune ménage revenait du théâtre tandis que Léopold descendait à son cercle. Dès le lendemain, le cousin se présentait chez la cousine et lui faisait remettre un billet, demandant que l'on oubliât le dissentiment familial et que l'on conclût le traité de bon voisinage auquel le hasard semblait les avoir conviés.

Raymond s'alarma et pria Marguerite de repousser de telles avances. Marguerite obéit.

Léopold n'eut pas plutôt reçu avis de cette exclusion qu'il se dit que, pour mieux défendu, le fruit n'en serait que plus savoureux à son heure.

Il ouvrit un siège en règle, enveloppant sa belle cousine de manœuvres insolemment incendiaires et mettant à profit tous les avantages de cette presque cohabitation.

Terrifiée, sachant l'inclémente jalousie de Raymond, Marguerite subissait ces assauts en silence, ne songeant qu'à éviter un éclat et réussissant à tenir quand même Léopold en respect.

Mais celui-ci luttait avec acharnement et voulait victoire à tout prix. Il ourdit patiemment une ruse suprême.

Il fit un beau jour annoncer son déménagement et l'effectua dans la semaine qui suivit. Ses meubles, étant partis au vu et su de tout le voisinage, furent remplacés presque aussitôt par le très pimpant mobilier d'une aimable personne, Mlle Nina de Bigorre. Marguerite, joyeuse, se crut débarrassée à jamais d'une importunité contre laquelle elle avait épuisé tous les moyens de défense.

Or Nina de Bigorre était une fine créature, tout au service de Léopold qui l'avait ainsi placée sur le passage du mari de Marguerite avec les plus perverses intentions. Bien stylée, bien dirigée, l'adroite fille tendit ses filets, et ne fit qu'une bouchée des amours ménagères. Quelques semaines lui avaient suffi pour être remarquée, puis désirée, puis conquise par Raymond ; l'imprudent mari, lorsqu'il rentrait seul chez lui se risquait souvent à faire une pause courte ou longue dans l'entresol cythéréen.

Ce premier résultat obtenu, Léopold estima le moment venu d'aviser Marguerite que ce mari vénéré, pour l'amour duquel elle s'était fait une cuirasse de vertu, la trompait impudemment et dans sa propre maison. Léopold précisait en outre quel jour et à quelle heure la jeune femme n'aurait qu'à descendre chez l'impure pour se convaincre par le plus probant des flagrants délits.

Indignée, Marguerite mit tous scrupules de côté. Au moment indiqué, elle sonnait chez Nina. Celle-ci n'avait eu que le temps d'introduire sa noble visiteuse en son boudoir quand un autre coup de sonnette annonça la visite de Raymond.

Celui-ci passa tout droit dans la chambre de Nina, en hôte familier.

Léopold avait vaincu ; et tandis que le mari de Marguerite égrenait son chapelet de galanterie sur les tapis intimes de la fille, le beau cousin accourait se jeter aux pieds de l'épouse trahie et n'était pas repoussé.

Enfin Raymond sortit de la chambre de Nina. Mais à peine avait-il fait un pas dans l'antichambre qu'il s'y croisait avec sa femme.

Interloqué, navré, il bredouillait de vagues explications ; mais Marguerite pour lui répondre se contenta, entr'ouvrant la porte de la pièce où elle s'était cachée pour le guetter, de lui montrer avec un geste vengeur le triomphant Léopold qui rajustait sa cravate.

DE LA CHANCE

Pour Charles Morice.

A vrai dire, il n'est jamais rien survenu de prodigieusement heureux à Prosper Lebidard.

Il n'en est pas moins obsédé par l'idée que tout lui advient par veine et que ses réussites si médiocres soient-elles ne sont jamais dues à ses qualités physiques, intellectuelles ni morales.

C'est une façon comme une autre de rendre très tourmentée une existence qu'il eût pu mener toute douce et toute simple avec de petites rentes, une femme honnête et de beauté moyenne, des relations modestes mais avouables et un estomac passable.

Il se représente toujours que la nature l'a

comblé en ne le faisant pas naître esclave dahoméen, manchot, bancal, impropre à l'amour.

Si ses amis ne le volent pas, si sa femme ne le trompe pas, il considère cela comme un hasard miraculeux. Il est harcelé par le souci de devoir tant de reconnaissance à la nature. Il est humilié que tout s'arrange pour lui, dans l'existence, sans trop de dificultés et il se dit : « Encore si je le devais à mon caractère, à ma probité, à mon savoir-faire... Mais non ! je dois tout à ma chance, rien qu'à ma chance, à mon infernale chance ! »

Tant qu'il avait été jeune, il s'était contenté de souffrir secrètement de sa manie. Mais en prenant de l'âge, il la laissa se développer jusqu'à ce qu'elle éclatât en une véritable crise.

— Nous nous laissons aller à l'abrutissement, dit-il, un jour, à sa femme ! Nous végétons stupidement, comme des plantes grasses, figés dans notre absurde bonheur. Nous n'avons pas été mis sur terre pour cela. Du courage, morbleu ! réagissons et agissons !

Sa femme le regarda sans comprendre, mais lui dit douce et confiante : « Tu es le maître ! »

Le peu de fortune et la petite maison qu'il possédait provenaient d'une succession où il avait été légèrement avantagé sur ses cohéritiers.

C'était là une des « faveurs de la destinée » qui lui tenaient le plus au cœur. Dans un de ses accès, il vendit sa maison et réalisa le capital de son avoir, puis dispersa le tout dans les spéculations les plus diverses et les plus bizarres.

Ce défi suprême à sa fameuse chance donna le résultat prévu.

En un an, il perdit tout son patrimoine.

Sa femme et lui, en pleine misère, bourgeois débiles, maladroits et bornés, sans expérience, sans pratique, incapables de tout métier, ne savaient pas même mendier, fatiguaient leurs amis dès les premiers emprunts, finissaient par se trouver nus et seuls devant l'embarras de vivre.

La femme, fraîche encore, eût pu se tirer d'affaire ; mais elle restait incapable de tout, même d'une faute.

Un soir le ventre creux, tout grelottant de fièvre et de besoin, Lebidard se laissait voluptueusement aller à la douceur de geindre. Il répétait avec un ravissement morbide...

— Sommes-nous assez finis, perdus ? Sommes-nous assez abandonnés de Dieu et des hommes ?

Assez roulés par la destinée? Sommes-nous assez malheureux? Le sommes-nous?...

La bonne Mme Lebidard qui avait l'apitoiement malencontreux céda à la fâcheuse inspiration de mêler aux plaintes de son mari quelques mots de consolation. Elle s'approcha de lui, le cajola.

— Au moins, je suis restée... Combien d'autres t'auraient planté là !... Avoir une femme comme moi... c'est encore de la chance...

— De la chance ?... De la chance ?... J'ai encore de la chance ?... gronda. Lebidard qui, sortant de son abattement, se rua par la pièce les poings crispés, les yeux hors de la tête.

Dans la double crise qu'il traversait de surexcitation mentale et d'affaiblissement physique, la phrase de sa femme était tombée comme une étincelle dans un seau de poudre.

Il sauta sur la malheureuse, lui prit le cou à deux mains et la secoua.

— Ah !... coquine !... répète-le donc que j'ai encore de la chance ?... répète-le donc !...

Et serrant plus fort, il l'étrangla. Au bruit de la scène, des voisins accouraient. On entendait le fou s'acharner sur le pauvre corps et le trépigner en hurlant :

— Oui !... de la chance !... Et j'aurai encore celle d'être débarrassé de cette idiote... et de trouver un imbécile d'avocat qui me présentera comme aliéné et irresponsable... et d'avoir affaire à un jury qui l'admette... et d'être acquitté... Ça, non, par exemple !... Non !...

Et comme on enfonçait la porte, il lâcha sa victime, ouvrit la fenêtre et, de son cinquième étage, piqua une tête dans la rue.

SUCCESSION

Pour Louis Capazza.

Le duc Pierre de Campeluce mourut subitement et sans avoir pu réaliser les promesses dont il avait entretenu le zèle de Mme Trémaux, la veuve de son ancien secrétaire et sa dernière amie. Lorsque Edgard, fils unique du vieux duc, devenu chef de famille vint s'installer en maître dans le vaste hôtel de la rue Saint-Simon, l'aimable femme ne sut comment exprimer au jeune héritier que, bien que considérée dans la maison comme une simple femme de charge elle remplissait des fonctions secrètes plus importantes et mieux rétribuées.

Or dès la première matinée de son installation, Edgard réunit tout le personnel des serviteurs et leur dit en substance :

— Je sais qu'ici tout le monde a bien servi mon père et qu'il vous avait tous en affection. Vous continuerez donc à tenir près de moi, chacun, l'emploi que vous occupiez auprès de lui.

Puis il visita sommairement ses appartements, donna ses ordres pour la journée et sortit. Lancé dans un monde spécial d'art et de sport, il devait vivre peu chez lui et promettait de n'être pas un maître bien gênant.

Il ne rentra qu'assez tard dans la nuit. Il avait dispensé son valet de chambre de l'attendre. Or il eut quelque surprise à voir, en pénétrant dans sa chambre à coucher, la bonne Mme Trémaux gracieusement étendue sur une chaise longue, en peignoir très ouvert et ne dissimulant aucune de ses abondances.

— Madame... que signifie?

— Monsieur le duc oublie-t-il avoir dit ce matin que chacun conserverait ici, auprès de lui l'emploi qu'il occupait auprès de monsieur son père... et...

Edgard l'arrêta d'un geste et sourit. Il prit et baisa galamment la main potelée de la femme de charge ; puis l'ayant complaisamment dévisagée ne crut pas devoir bouder sur ce lot important de la succession paternelle.

Le lendemain matin seulement, il dit à Mme Trémaux.

— Ma chère dame, j'ai à Paris beaucoup de distractions au dehors qui vous laisseraient inoccupée la plupart du temps. Mais connaissez-vous notre château en Quercy ? Non ? Hé bien !... Je vous y envoie dès aujourd'hui et vous m'y attendrez jusqu'à la mi-octobre. Ce sera le temps des petites chasses. J'aimerai alors passer là-bas quelques semaines de retraite et de bon air... Et je trouverai tout naturellement dans cette agreste solitude l'emploi de vos talents et de votre bonne volonté.

LES
COULISSES D'UN GRAND CŒUR

Pour Henry Mercier.

Le second clerc de M⁰ Malvoisier, notaire au quartier du Roule, Georges Muraigne venait d'épouser une orpheline sans fortune, mais d'une grande beauté et d'un grand cœur.

A peine le clerc eut-il présenté sa femme dans la famille de son patron que Marcel, fils aîné du notaire, ouvrit le feu sur la vertu de Mme Muraigne.

Mais celle-ci résista superbement. Muraigne ne l'ignora pas et en fut secrètement très fier.

Or la belle Mme Muraigne à toutes ses autres vertus joignait le goût de toutes les élégances et de tous les conforts. Sans être nullement dépensière, elle portait admirablement la toilette ; son éducation de premier ordre comportait naturellement le goût de tous les arts et de tous les sports. Il était difficile à Muraigne de faire déroger cette femme distinguée en ne la montrant pas aux premières, aux expositions, aux courses, partout où elle devait et savait briller.

Ainsi comprise la vie parisienne est agréable mais coûteuse. Le clerc s'en aperçut lorsqu'à force de se battre avec les insuffisances de son budget il en vint à perdre la tête et à commettre un détournement important aux dépens d'un des clients de Me Malvoisier.

Ce vol avait été grossièrement opéré et fut vite découvert. Le client porta plainte et ce fut le notaire lui-même qui n'ayant pas vu son clerc à l'étude depuis deux jours vint le relancer.

Muraigne, blême et muet, reçut l'algarade en présence de sa femme.

Quand Malvoisier se tut enfin, Mme Muraigne froide et digne se leva.

— Combien faut-il rembourser ?

— Dix-neuf mille francs.

— Votre client sera désintéressé demain, monsieur.

— C'est ce que je vous souhaite, dit sèchement le notaire en se retirant.

— Ma femme !... Ma femme !.. Que vas-tu faire !... bégaya Muraigne effaré.

Mais Mme Muraigne était déjà dehors.

Dans l'après-midi du même jour, un des plus importants usuriers de la capitale recevait la visite de Marcel Malvoisier et, après les objections de rigueur, remettait au jeune homme une vingtaine de mille francs en échange des engagements les plus écorcheurs.

Une heure après, l'argent de l'usurier passait des mains de Malvoisier fils entre les blanches mains de Mme Muraigne. En revanche, le lendemain, à l'heure dite, Malvoisier père recevait de ces mêmes blanches mains de quoi désintéresser son client. Cet excellent notaire se déclara satisfait ignorant naturellement que cette somme rondelette ait été aussi gaillardement tirée d'un escompte sur son propre patrimoine.

Le cœur léger, Mme Muraigne rentra chez elle. Elle y trouva son mari défait, hagard. Il lui demanda encore.

— Tu as payé?... Je t'en supplie... dis-moi où tu as pris cet argent...

— Taisez-vous!... fit la femme au grand cœur. Pour sauver votre honneur j'ai perdu le mien. Mais vous n'ignorez pas que la plainte était déjà portée au parquet avant le remboursement. Donc, malgré cette restitution, la justice suivra son cours et votre nom traînera devant les tribunaux. « Consultez votre conscience. Elle vous dira ce qu'il vous reste à faire. »

Et elle jeta un revolver sur la table.

Sans répliquer, Muraigne saisit l'arme et se fit sauter la cervelle. Ainsi l'affaire fut étouffée.

Marcel Malvoisier qui avait gagné à tout cela les premières faveurs de la femme au grand cœur, n'en put jamais obtenir davantage jusqu'au jour où son temps de deuil expiré elle l'autorisa à lui faire ouvertement sa cour.

Marcel s'en référa à sa famille. Mais celle-ci consultée n'ayant gardé que de l'admiration pour cette femme supérieure ne trouva rien à objecter contre l'imminence d'un mariage.

L'ex-madame Muraigne est enfin devenue Mme Malvoisier jeune et son astre nouveau brille d'un éclat superbe et incontesté.

Ce qui prouve qu'avec un grand cœur une jolie femme qui sait mener sa barque peut aussi bien réussir dans la vie que la plus fieffée coquine.

L'AMOUR QUI COUTE

Pour Georges Montorgueil.

Blanche de Mortalise, orpheline, émancipée et riche, avait voulu avant de toucher au mariage tâter de la vie indépendante et, de flirts en flirts, s'était laissé choir entre les bras d'un véritable amant.

Le hasard de cette aubaine avait favorisé certain rastaquouère de grande marque, Felice Fiorante qui, seize mois durant, entretint avec la jolie fille des relations panachées de correspondance endiablée et d'abandons complets.

Pourtant, Blanche qui gardait sa liaison secrète et n'en continuait pas moins à fréquenter dans un monde où Fiorante n'était pas admis, reçut, un soir de concert, chez le général de F..., la présentation d'André Séphore, écrivain aux belles allures, romancier prestigieux de grande mine et charmant esprit.

Cette fois elle aima.

Il était temps d'en finir avec sa première aventure, car André Séphore s'était nettement déclaré et ne tarderait pas à devenir pressant.

Blanche écrivit à Felice Fiorante la lettre de rupture formelle.

Comme il fallait s'y attendre, Felice ne broncha pas. Ni récrimination bruyante ni manifestation de trop violent désespoir : seulement un discret avertissement par lequel il prévenait Blanche de la situation pénible où il allait se trouver, lui gentilhomme incapable de vivre d'autre chose que des jeux de l'amour et du hasard et qui, s'étant donné depuis un an et demi tout entier à leur cher roman se voyait brusquement sevré de cette haute affection et de ses uniques ressources.

Blanche, touchée, l'autorisa à faire ses conditions.

Moyennant vingt-cinq mille francs Felice rendrait à Mlle de Mortalise toute la collection de ses lettres et ne serait plus pour elle qu'un ami ayant oublié tout ce qu'on voudrait.

Blanche trouva le marché très doux, fixa un rendez-vous pour le lendemain dans un restaurant peu fréquenté où tout se réglerait.

Ils furent exacts, Blanche avec son chèque paraphé, Felice avec sa liasse de lettres. On troqua galamment. Mlle de Mortalise vérifia et compta sa correspondance et la serra dans son sac. Puis Felice fut remis par elle en possession de la compromettante lettre par laquelle il avait proposé le marché. Il la glissa à son tour dans la poche de sa pelisse.

Ensuite on parla d'autre chose, on déjeuna gaiment et l'on se sépara sans plus de commentaires.

Or, le lendemain, Blanche recevait chez elle une lettre anonyme lui réclamant encore vingt-cinq mille francs contre deuxième restitution des fameuses lettres. Depuis la veille elle n'avait pas rouvert son sac. Elle courut le visiter. La correspondance rendue par Felice lui avait en effet été soustraite impudemment.

A la même heure, Félice, dans sa garçonnière, recevait un billet laconique l'avertissant que faute par lui de faire abandon des vingt-cinq mille francs touchés la veille, la lettre de chantage écrite par lui à Mlle de Mortalise et qui lui avait été rendue par celle-ci, mais dont une tierce personne avait pu s'emparer dans l'intervalle, serait livrée à la publicité. Lui aussi avait négligé de visiter sa pelisse en rentrant du restaurant. Il en retourna toutes les poches et put se convaincre que la dangereuse lettre n'était plus en sa possession.

Le garçon de cabinet qui, la veille avait servi les deux amants avait fait ce double coup avec une remarquable dextérité.

Les circonstances étaient telles que ni l'un ni l'autre ne pouvait regimber, la moindre plainte de leur part devant soulever le plus désagréable scandale.

Il fallut s'exécuter. Ainsi les fiançailles de Blanche avec le romancier André Séphore coûtèrent à cette aimable enfant cinquante mille francs d'entrée en jeu.

Et voilà comment Felice Fiorante pour la première fois de sa vie, ne gagna pas un sou à une rupture dont le seul bénéficiaire fut un humble garçon de café lequel put s'acheter de suite un petit fonds et s'y établir à l'enseigne du « *Bon Larron* ».

SOUS LE RASOIR

Pour Georges d'Esparbès.

La petite Fernande ne s'était laissé marier au coiffeur Aubin, laid, vieux, grognon, avare et jaloux que pour être patronne et trôner dans une belle boutique. Mais elle en eut vite assez; et depuis bien des semaines elle soupirait en son comptoir, songeant que la vie serait tout autre pour elle si dans cette même boutique coquette, claire et gaie elle avait au lieu de son barbon, pour seigneur et maître son garçon, Louis, à peine plus âgé qu'elle, si joli, si joyeux, si bon enfant.

Bientôt Fernande n'eut plus qu'une idée en tête : la suppression d'Aubin.

Parmi les clients de la boutique, le plus assidu était un commis de nouveautés, Brascassou, grand gaillard aux hardiesses méridionales qui semblait assez féru de la jolie perruquière et ne manquait jamais en payant à la caisse son « *complet Bressant* » d'assaisonner son échange de monnaie de quelque galanterie redondante.

Etant donné le caractère hargneux de son mari, Fernande rêvait déjà de susciter une affaire entre Brascassou et lui. Au lieu de mettre le client téméraire sur ses gardes, elle se risquait à l'encourager.

Puis, le soir, la tête sur l'oreiller, elle se plaignait à Aubin.

— Tu sais... Brascassou... le calicot... Il est un peu trop du midi... Il m'a encore dit des choses... Ce n'est pas que je veuille t'exciter contre lui... Mais il est bel homme... et si entreprenant...

Elle affectait de parler de Brascassou à tous propos.

— Il paraît que toutes les femmes du quartier raffolent de lui... Ça se comprend... Toujours le mot pour rire... toujours aimable...

Aubin fronçait le sourcil.

— Tu m'embêtes avec Brascassou... Qu'il ne s'avise pas... Ça finirait mal...

Enfin elle le vit chauffé à point. Deux ou trois fois, le maître-coiffeur avait brusqué la friction du méridional ou lui avait nerveusement tapé le nez avec le pompon à poudre en l'adonisant. Le crâne d'Aubin couvait un orage; il n'y avait qu'à hâter la commotion.

Un matin, comme le patron rasait Brascassou et tandis que le rasoir étincelant voletait en râclant la mousse sur le cou brun et gras, Mme Aubin lança de sa caisse :

— Alors, monsieur Brascassou, vous trouvez que le bleu me va bien?

— Hé! belle dame... il vous va comme notre ciel de Provence aux roses de Saint-Raphaël... et... Aïe!... Aïe!... Couic!

Le compliment du provençal se ponctua d'un cri rauque, atroce. Aubin l'avait saisi aux cheveux et, poussant rageusement, son rasoir venait de trancher cette gorge trop bavarde. Un flot de sang jaillit empourprant serviettes et peignoir et la tête de Brascassou retomba de côté presque collée à l'épaule, tandis que son grand corps glissant du fauteuil, coulait à terre.

On se précipita. Les voisins appelés à grands

cris, les gardiens de la paix accourant au pas gymnastique, tout le quartier ameuté, Mme Aubin évanouie dans sa caisse, le garçon Louis maintenant et désarmant le patron, qui hébété de son crime machinal, inondé de sang, les yeux hors de la tête, éperdu, fou, voulait se frapper à son tour.

On n'eut pas de peine à démontrer par la suite que le maître-coiffeur avait agi inconsciemment, dans un accès de démence furieuse. La justice l'épargna comme irresponsable. On l'envoya s'achever à Sainte-Anne.

La boutique est restée quelque temps fermée. Puis la belle Fernande a rouvert et Louis est installé comme gérant. Un dimanche, ils sont allés ensemble porter sur la tombe de l'infortuné Brascassou une gerbe de ces roses de Saint-Raphaël dont l'évocation imprévue lui joua un si vilain tour.

L'ORPHELIN DE PLANTUREAU

Pour Raoul Minhar.

Après un vague dîner à Roquebrune dans une auberge modeste, Plantureau s'était fait ramener à Monte-Carlo avant la nuit tombée.

Il faisait très chaud; et le train de Nice n'avait pas amené grand monde. Plantureau jeta son cigare et passa le seuil du casino. Il avait surtout dans l'idée de retrouver une adorable blonde rencontrée la veille sur la terrasse, au bras d'un Anglais rougeaud et avec laquelle il avait ébauché un trop court flirt.

Nul n'ignore ce que, en terme de croupiers, on appelle, à Monte-Carlo : *un orphelin*.

C'est le gain oublié sur la table par un joueur distrait. Comme ces sommes gêneraient pour le coup suivant dans les mouvements des parties il est convenu qu'on autorise tacitement les mains assez lestes pour adopter ces orphelins à temps et en débarrasser le tapis. La police du jeu ne s'en mêle qu'en cas de réclamation bruyante ; et dans ce cas la banque aime mieux payer elle-même que de prolonger la contestation.

Plantureau se trouvait ce soir-là, les goussets tout à fait plats. Une semaine passée sur la côte d'Azur l'avait radicalement desséché. En rôdant autour des tables et songeant à solliciter le viatique, il se posait donc le double problème de solder sa note d'hôtel et de ne pas quitter Monaco sans avoir revu sa blonde, lorsque précisément il aperçut à deux pas de lui le gros anglais jetant des louis sur un carré et souriant à sa compagne qui lui contait sans doute quelque histoire gaie.

Le coup fut joué. La boule tourna, retourna et tomba juste. L'anglais gagnait ; et une liasse de bank-notes recouvrait ses louis. Mais certain d'avoir perdu et distrait par le bavardage de sa compagne, il ne songeait même pas à regarder son numéro. Déjà on montrait le tas et l'on demandait : « A qui ? »

Plantureau n'eut qu'un éclair d'hésitation, avança la main et dit : « A moi! »

L'or et les billets disparurent dans sa poche.

— Voilà l'hôtel payé, pensa-t-il... et une bonne semaine assurée à Monte-Carlo... Maintenant songeons aux amours !

Il se retourna vers le couple ; mais du premier coup d'œil, il put juger que si l'Anglais n'avait rien vu, la dame avait tout vu, elle !

Diable ! Il n'en demanda pas davantage, rougit pour la forme et s'esquiva.

Il se rendit tout droit à l'hôtel, paya sa dépense et se coucha un peu triste en se disant qu'il ne pourrait plus décemment se présenter devant la seule femme qui l'ait tenté depuis son séjour à Monaco..

Maintenant il était décidé à regagner Paris au plus tôt.

Or le lendemain matin, en lui montant son petit déjeuner, le garçon de chambre lui remettait ce billet qu'on venait d'apporter pour lui :

« Permettez-moi de vous appeler tout de suite
« cher ami » et de rire avec vous du sort fait à l'orphelin de mon Anglais. Je me suis

arrangée de façon à avoir deux jours de liberté. Partez sur-le-champ pour Nice et attendez-m'y au train d'une heure avec deux billets pour Marseille. »

PAPA

Pour Gustave Millet.

Lorsque Denis de Saint-Favier, qui n'avait jusqu'alors rencontré sa jolie Diane que chez une cousine éloignée, se décida à se présenter chez M. Paturel père de la très désirée jeune fille, pour faire une demande en règle, il reçut un accueil courtois, mais froid.

M. Paturel signifia au prétendant qu'il devait attendre deux mois sa réponse et qu'avant cette époque, nulle tentative ne devrait être faite par les deux jeunes gens pour se revoir.

Denis trouva cela raide, mais ne pouvan rien répliquer, se retira avec un sourire pincé.

Cependant comme la femme de chambre le reconduisait, brusquement il lui demanda :

— M. Paturel se rend d'ordinaire à ses affaires dans l'après-midi?

— Oui, monsieur... Il va sortir dans cinq minutes.

— En ce cas, prévenez Mlle Diane qu'elle s'arrange pour me recevoir aujourd'hui et exceptionnellement, malgré la défense de son père. Je reviendrai dans un quart d'heure.

Donc à peine papa Paturel filait-il à son bureau que Denis remontait près de Diane et que celle-ci le recevait, tremblante.

Caresses, protestations se succédaient depuis un moment lorsqu'on entendit à nouveau la clef paternelle crier dans la serrure de la grand'-porte. Paturel avait oublié quelque chose et revenait.

Situation critique.

Denis n'hésite pas, aperçoit une alcôve, l'ouvre et canne au bras, chapeau en tête, plonge sous le lit virginal.

A peine l'alcôve se refermait-elle que Paturel entrait chez sa fille.

De l'air le moins soupçonneux, il lui demanda :

— Tu es seule?

Pour la première fois, la chaste mignonne allait mentir.

Cependant elle vit le scandale inévitable, le courroux de son père, tous les projets rompus. Elle n'hésita pas à répondre :

— Mais oui, père !... Je suis seule !

Paturel toujours placide haussa les épaules, se dirigea vers l'alcôve, l'ouvrit à son tour, se pencha, aperçut le miroitement des bottes vernies et cria, sans trop grossir sa voix :

— Allons, sortez !... Sortez, mon ami !...

Denis n'avait plus qu'à s'exécuter. Il sortit en effet, mais comme il songeait déjà à se protéger de quelque bourrasque imminente, Paturel lui tapa cordialement sur l'épaule.

— Cher monsieur, dans notre famille on n'a jamais conclu que des mariages d'amour... Vous avez fait ce que j'aurais fait à votre place... Dans mes bras ! vous êtes de la famille !

POINT D'HONNEUR

Pour Zo d'Axa.

Paul de Sédier très fier d'un beau mariage enlevé à la pointe de ses moustaches de bellâtre se carrait sur sa victoire, insolent, béat, tranchant sur tout. Aussi était-il maintenant un sujet de constante exaspération pour Régine son adorable petite femme : ce gros garçon dont le faux bel air avait d'abord captivé sa naïveté ne l'intéressait plus par rien et c'est tout juste si elle le subissait avec une patiente mais douloureuse résignation.

Un soir, chez leurs amis Trévannes, on causait point d'honneur.

Avec le plus charmant esprit, le sculpteur Prévaire racontait comment il avait reçu publiquement un soufflet de la main d'une femme et que les conditions dans lesquelles s'était accomplie cette voie de fait étaient telles qu'il n'en gardait que le plus délicieux souvenir.

On souriait. Seul le gros Paul se démenait et protestait avec une affectation imbécile.

— Giflé par une femme? Oh non !... Ce n'est pas possible ! J'aurais tout brisé !... Je comprends tout... Mais un soufflet !... Quelqu'un qui se permettrait de porter la main à ma figure... même une femme... Je voudrais bien voir que...

— Voyez, mon ami !

C'était Régine qui s'étant levée, pâle, exaspérée, allait droit à son mari et de sa petite main preste le souffletait par deux fois, sec et net.

Paul restait abasourdi ; et les témoins de cette courte scène ne l'étaient pas moins que lui.

Mais Prévaire troussa sa moustache et s'approchant du mari giflé.

— Allons !... mon pauvre cher, c'est à moi qu'il faut vous en prendre. J'attendrai demain chez moi jusqu'à midi vos témoins... ou les explications de madame.

BONS PROCÉDÉS

Pour René d'Abzac.

M. Bonlard, ayant à quarante-neuf ans épousé une demoiselle Valentine qui n'en comptait pas vingt-cinq, commit dans sa première exaltation l'imprudence de dire à sa compagne :

— Tu es jeune, tu es belle, je suis vieux et fané et cela ira en s'aggravant. Aujourd'hui, tu m'aimes un peu. Mais bientôt tu ne pourras plus me tolérer. Il vaut mieux tout prévoir. Comme ton affection est tout ce à quoi je tiens sur terre, quand tu me l'auras retirée, je t'en supplie, ne me trompe pas ! Voici un paquet d'une poudre qui est un infaillible poison. Voici d'autre part une lettre où je déclare me donner la mort de mon propre gré. Garde l'un et l'autre pour me supprimer sans danger le jour où ton cœur me sera fermé.

Valentine protesta chaudement, mais accepta quand même en alléguant que c'était bien pour ne pas le contrarier.

La jeune femme était de bonne foi. Mais on ne refait pas les lois de Nature. Vint un jour où l'apparition d'un cousin de son mari, le commandant Lionel, donna le signal d'une débâcle sentimentale.

Or, entre temps, M. Bonlard avait réfléchi. Opérant des fouilles sournoises dans les affaires de Valentine il s'était, après la frénésie passée des premières fièvres conjugales, proposé d'y découvrir et d'y reprendre ses deux dangereux cadeaux.

Il retrouva la lettre, mais ne put mettre la main sur le poison.

De son côté, Valentine succombant à des luttes héroïques songeait sérieusement à s'affranchir pour pouvoir se donner toute et sans remords au beau Lionel, en assurant préalablement son veuvage par un crime lequel n'en serait pas un puisqu'il serait perpétré avec l'autorisation formelle de la victime.

A son tour elle chercha les deux funestes

présents. Elle retrouva bien le poison ; mais non plus la lettre.

Extrême perplexité !

Elle ne pouvait décemment demander à Bonlard d'en écrire une seconde. D'autre part, si elle se servait du poison sans être ainsi prémunie, ce serait courir au-devant des accusations immédiates et d'une perte certaine.

Elle allait donc tout bonnement se résoudre aux banalités de l'adultère lorsqu'un hasard tragique vint la tirer d'embarras.

Bonlard, une nuit en rentrant seul de la brasserie, fut accosté par une bande de rôdeurs. Il était vigoureux et point trop poltron. Il voulut résister. Un de ses agresseurs pressé d'en finir avec le pantre récalcitrant tira un lingue démesuré et le ficha jusqu'à la garde dans la poitrine de l'infortuné bourgeois qui s'affaissa sur le trottoir et rendit l'âme avec un flot de sang.

Les rôdeurs s'enfuirent sur ce beau coup. Bien longtemps après, des agents qui faisaient paisiblement leur tournée en causant de la pluie et du beau temps trouvèrent le cadavre. Ils le portèrent au commissariat. Les vêtements de la victime furent aussitôt fouillés et l'on trouva dans son portefeuille la lettre, la fameuse lettre pliée en quatre :

« Qu'on n'accuse personne de ma mort. Je me tue pour conjurer un désastre d'où mon honneur ne sortirait pas intact. »

ARRANGEMENTS BOURGEOIS

Pour Léo Frankel.

Marius Dauterme n'était pas de ceux qu'on évince sans risques. Les parents de Mlle Berthe Lormeuil l'ignoraient-ils lorsque ayant recueilli les plus mauvais renseignements sur le caractère et les mœurs de ce brillant cavalier ils se refusèrent à l'accepter pour gendre.

Les Lormeuil possédaient à quelque distance de Bois-le-Roy, sur la route de Samois en pleine forêt de Fontainebleau, une maison rustique très isolée où ils passaient l'été chaque année.

On fiança rapidement Berthe à un sien cousin, Ernest Bardon qui, n'avait été jusqu'alors qu'un prétendant peu écouté, puis on laissa se répandre la nouvelle de la rupture avec Marius ;

et comme le printemps s'achevait, toute la famille alla s'installer pour jusqu'à l'automne dans la maison rustique.

M. et Mme Lormeuil, leur fille, puis Ernest et Mme Bardon, sa mère, enfin deux bonnes et un domestique mâle, en tout huit personnes composaient toute la caravane.

On avait souvent représenté aux Lormeuil et aux Bardon le danger d'habiter avec si peu de personnel une villa ainsi isolée dans cette partie de la forêt qui longe la route de Melun, la plus mal réputée de la contrée, la plus infestée de rôdeurs bohémiens et de vagabonds louches surtout pendant les nuits de belle saison.

Non certes par bravoure, mais par pur amour-propre de propriétaires, les Bardon et les Lormeuil s'entêtaient à prouver par l'exemple qu'il n'y avait rien à craindre et que leur villégiature était de toute sécurité.

Or la deuxième nuit de leur installation, comme tout dormait dans la villa, vers deux heures du matin, de soudains fracas de volets démontés, de vitres brisées, de portes forcées jetèrent tout le monde sur pied. En un clin d'œil la maison avait été assaillie, les étages escaladés, toutes les pièces de la cave au grenier envahies par une vingtaine de farouches sires vêtus de haillons et puant l'alcool. Et, quelques minutes après, capture était faite de tous les habitants, maîtres et domestiques. Un par un les bandits apportaient leurs prisonniers, bâillonnés et solidement ficelés dans le grand salon où, bougies allumées, Marius Dauterme debout devant la cheminée achevait tranquillement son cigare. Quand il eut son compte de huit colis humains, Marius fit signe à deux des hommes qu'on déliât la seule Berthe Lormeuil. Quand ce fut fait, il alla à la jeune fille, terrifiée, défaillante. Il lui prit le bras et sortit avec elle, la poussant devant lui dans l'escalier et la faisant monter jusqu'à sa chambre.

Une heure après, il reparaissait avec la jeune fille demi-nue, échevelée, livide, brisée. Il la poussa sur un divan où elle s'affaissa sans un mot. Puis, il donna un ordre rapide aux sinistres compagnons qu'il avait racolés depuis la veille sur la grand'route en les décidant par de fortes primes à ce coup hardi. Enfin il gagna une fenêtre, sauta dans le jardin et disparut, suivi de ses hommes qui dégringolèrent en trombe par toutes les issues et s'enfoncèrent dans la nuit de la forêt.

Rassemblant toutes ses forces, Berthe put enfin se traîner jusqu'à son père, puis jusqu'à son cousin, leur ôta leurs bâillons, coupa leurs liens et les aida à délivrer les autres prisonniers. Bientôt, s'aidant de leur mieux les uns les autres, tous les habitants de la villa grelottants, demi-morts sous leurs costumes de nuit en lambeaux furent sur pied, chancelants, meurtris hébétés.

On envoya les domestiques chercher des vêtements et des couvertures, préparer des cordiaux, des boissons chaudes et rajuster tant bien que mal volets et clôtures, puis on tint conseil.

— Il faut prévenir la gendarmerie de Bois-le-Roy.

— Il faut faire battre la forêt.

— Un tel crime ne peut rester impuni.

Chacun risquait son avis timide ou violent.

Seuls Berthe et son fiancé se taisaient s'épiant du coin de l'œil.

Mme Lormeuil finit par interpeller Ernest.

— Voyons... toi... notre neveu et notre futur gendre... tu sais ce que tu as à faire. Tu connais l'adresse de ce Dauterne. — Nous comptons que tu agiras en homme... Tu vengeras ta cousine... tu vengeras ta fiancée...

Ernest se gratta l'oreille et fronça le sourcil.

— Ecoutez, ma tante, voulez-vous mon opinion ? Je pense qu'il est de l'intérêt de tous qu'on fasse le moins de bruit possible sur cette affaire... Payez le silence des domestiques... Faites réparer demain les dégâts de la maison. Quant à ma cousine, elle s'en tirera avec quelques jours de repos... Pour moi je suis décidé à oublier tout cela comme un mauvais rêve... Si Dauterne veut colporter son invraisemblable histoire, on le prendra pour un hâbleur, et il en sera pour ses frais... Quant à nous, arrangeons-nous comme si rien ne s'était passé... Soignons nos contusions, allons nous recoucher. Et... pas de scandale, entendez-vous bien ?... Pas de scandale !

ÉTONNÉE

Pour Félix Fénéon.

Le hasard d'une rencontre dans un compartiment de Ceinture avec une grosse femme extra-mûre et dont c'était apparemment le métier de « *faire* » les trains de banlieue, valut au moins à Plantureau un quart d'heure de causerie intéressante.

L'engageante personne estimant à première vue que ce monsieur ne serait pas un « *client* », voulut au moins tromper l'ennui de ce voyage stérile par un peu de conversation. Elle s'était vite mise d'elle-même sur le chapitre de ses malheurs.

— Oh !... les hommes !... gémit-elle.

Plantureau, gracieusement, acquiesça.

Elle continua :

— Tenez !... Moi, qui vous parle, j'ai été très bien entretenue... et il n'y a pas longtemps encore... C'était sous le règne de M. Thiers... J'avais un appartement de quinze mille francs avenue Montaigne, deux voitures, une villa à Saint-James, un chalet à Deauville... tout ce que je voulais... et un amant beau comme le jour... un prince dans la finance... tout ce qu'on peut rêver. Or donc, un jour mon amant avait des visites à faire... Il m'offre de sortir avec moi... dans mon landau. Je l'attendrais aux coins de rue... et quand il aurait fini, nous filerions ensemble dîner à Ville-d'Avray, vous savez, devant l'étang... où c'est si gentil... Ça va... Nous sortons... A sa première visite, comme je l'attendais à l'angle de la rue Solférino et du quai, je remarque un petit jeune homme brun qui passe et repasse devant ma voiture et chaque fois jette un regard... oh ! mais un regard à la fois sournois et hardi... vous n'avez pas idée ! A la fin il n'y tient plus... Il met un pied sur le pas de la voiture, se hausse jusqu'à mon oreille et me dit, très bas, très vite.

— Mademoiselle, vous êtes trop belle ! On ne

peut pas ne pas vous parler. Ecoutez ! J'ai trente-sept francs sur moi... Les voulez-vous ?... Ce n'est peut-être pas tout à fait dans vos prix... Mais pour moi, c'est déjà une si grosse somme !

Je ne savais que répondre... Je le regardais... Ah ! je n'ai pas le cœur dur, allez !... Et mon amant qui ne redescendait pas !... Et voilà qu'à ce moment, une femme de chambre sort de la maison et vient m'annoncer que le prince était retenu à dîner, qu'il ne pouvait descendre et qu'il l'avait priée de me dire que je pouvais disposer de ma soirée... Je remerciai la demoiselle qui rentra dans la maison... Mon petit amoureux attendait toujours. Il avait l'air drôle, drôle !

Je lui dis :

— Allons, gosse !... Offre-moi tes trente-sept francs... et viens !

Il sauta dans la voiture... Je donnai au cocher l'adresse d'un hôtel meublé.

. . . .

Le train entrait dans la gare Saint-Lazare. Plantureau jugeant l'histoire finie descendait sur le quai. Mais la grosse dame sautait derrière lui, le retenait par la manche de son habit et, comme éclatant enfin, concluait :

ÉTONNÉE

— Hé bien !... monsieur... ce garçon-là était orphelin et gagnait soixante francs par mois dans un magasin de nouveautés. Il avait seize ans et demi. Je l'ai retiré du commerce... Je lui ai fait faire pendant quatre ans des études soignées... Je l'ai poussé jusqu'à l'École Centrale... A sa sortie je l'ai casé par mes protections. Aujourd'hui, il est ingénieur dans les chemins de fer... Il gagne trente mille francs par an... Il est marié... Il a deux enfants... Il sait mon adresse... et il ne vient jamais me voir !

MORALISTE

Pour Georges Lorin.

Plantureau ayant touché quelque monnaie sur une affaire réussie sortait de dîner amplement, un gros cigare au bec, et montait dans un fiacre devant le Vaudeville. Il cherchait quelle adresse de café concert donner au cocher, lorsque la porte d'une maison de la chaussée d'Antin s'ouvrit derrière lui, livrant passage à une femme très emmitouflée qui s'engouffra dans la voiture, s'assit et, à travers ses voiles, souffla rapidement à notre ami :

— Dites à votre cocher de nous conduire à l'angle de la rue François Ier et du cours la Reine... Fermez vite la portière... et sauvez-moi !

Plantureau obéit ; puis, comme on roulait

vers le point indiqué, l'inconnue se laissa regarder, montrant un délicieux visage rond de blonde, enfantin et frais.

— Si vous n'avez pas deviné que je suis une femme mariée... et que je fuis devant une... scène conjugale... j'ai l'honneur de vous l'apprendre, mon cher monsieur, fit-elle avec un délicieux sourire où sembla se fondre toute son émotion.

Plantureau lui prit la main.

— Vous me dites devant qui vous fuyez... vous ne me dites pas où vous fuyez ?

— Mais si... à l'adresse donnée tout à l'heure.

— Je suis curieux... mais vous conviendrez...

— Je conviens que mon invasion dans votre coupé dérangeant ainsi votre plan de soirée vous donne des droits sérieux à l'indiscrétion... Aussi je ne vous conteste rien. Et je vous en conterai long... mais... tout à l'heure, seulement...

— Tout à l'heure ?... Mais... nous sommes arrivés...

— Hé bien !... descendons... et... renvoyez le fiacre !

Ils se trouvèrent sur le cours la Reine. La jeune femme prit le bras de Plantureau. Ils gravirent la rue François Ier pour ne s'arrêter que devant l'un des derniers numéros impairs.

— C'est apparemment ici que demeure votre mère ou madame votre tante ; et vous vous réfugiez chez elle comme il est classique de le faire en pareil cas ?

— Nullement ! Il y a ici un petit rez-de-chaussée meublé dont je dispose jusqu'à demain.

La dame sonna et, comme elle ne lui disait aucun adieu, Plantureau s'autorisa à la suivre.

L'appartement était joli quoique sentant le garni galant.

La dame ne raconta rien du tout. Elle se contenta d'aller et de venir, poussant de petits « ouf ! ouf ! », trouvant qu'il faisait très chaud et abandonnant à chaque pose une pièce de son vêtement.

C'était d'ailleurs le genre de conversation que prisait le plus notre ami. Il fut vite au même ton.

On se fit une cour brève, à peine parlée, puis la dame succomba doucement aux violentes émotions qui lui avaient mis les nerfs à mal.

A minuit plus que passé, ils s'entendaient encore comme pigeon et pigeonne dans le grand lit à transparents roses, lorsqu'un bruit se fit dans le vestibule, bruit de portes et de pas ;

accompagné de brusques pourparlers et suivi de coups frappés à la porte de l'appartement, puis de l'inévitable : « Ouvrez au nom de la loi ! »

Crochetage de la serrure ; invasion d'un monsieur qui était un commissaire et d'un autre monsieur qui ne pouvait être qu'un mari ; petits cris de la dame ; tentative d'évanouissement.

Plantureau se contenta de penser.

— Voilà un cocu qui ne perd pas de temps !

Et d'échanger avec le mari le regard de défi que les circonstances imposaient.

Le commissaire questionna, constata, verbalisa, s'excusa, salua et sortit en entraînant l'époux.

Quand les deux coupables se retrouvèrent seuls, la dame prit un petit air contrit.

— Laissez-moi maintenant m'accuser et vous confesser en quel piège odieux j'ai entraîné le chevaleresque garçon que vous êtes. Je hais mon mari. Je veux me séparer de lui et il se cramponne. Jusqu'à ce jour, j'ai été honnête femme... Mais il m'a poussée à bout. J'ai imaginé tantôt de l'informer anonymement que je le trompais avec un monsieur de la rue François Ier. Quand j'eus tout préparé pour ce flagrant délit, je suis sortie précipitamment, décidée à m'adresser au premier venu... Ça m'était égal, dans mon exaspération... Et voilà comment vous êtes mon complice... Maintenant, j'ai de gros regrets... Vous êtes si gentil. Je vous ai mis sur les bras un procès ennuyeux... Peut-être êtes-vous marié vous-même... Je suis désolée... désolée !...

Plantureau haussa les épaules.

— Un procès ? C'est ça qui m'est égal !... Seulement, je pense que vous vous êtes créé des complications bien inutiles... Avouez que si vous vous ennuyiez avec votre mari, c'est que vous manquiez de... relations extérieures...

— Ça, c'est vrai !

— Et que si vous aviez pu couper de quelques extras la monotonie du quotidianisme conjugal, vous n'auriez jamais recouru à de telles extrémités...

— C'est encore probable !

— Hé bien ! Maintenant, connaissance est faite entre nous... Je me tiens désormais à votre disposition pour tous vos moments... à perdre... Mais, les moments à perdre, ce n'est pas tout dans la vie ! Avec votre éducation, vos habitudes de bien-être, il vous faut un foyer confortable et constant... Et cela que je ne puis vous offrir, vous l'aviez près de votre mari.

— Dame!...

— Allons! ce qui est défait peut se refaire... Il a l'air bon comme du bon pain... Il a l'air de vous aimer, cet homme! En le reprenant par le repentir, la douceur...

— Oh! ça... il est bien assez bête pour que j'y compte!

— Alors, plus d'hésitation! Rentrez dans une heure chez vous, comme cela, au milieu de la nuit... quand le fer est chaud... Soyez brave... Affrontez la scène... Expliquez-vous! Pleurez! Prosternez-vous! Appelez le châtiment, la mort ou le pardon... C'est le pardon que vous aurez... Puis, demain, informez-moi... Et, à côté de votre avenir sérieux, nous en arrangerons un autre intermittent et charmant...

Il se tut. Elle lui sauta au cou...

— Tiens! Tiens! Tu es un ange!... Si on avait toujours des amants qui vous dirigent comme ça, il n'y aurait que des honnêtes femmes sur la terre!

AVEC L'ÉTOILE

Pour Claude Bourgonnier.

Félicien Ducaine appartenait à ce monde littéraire tout spécial où toute œuvre est une affaire, où les succès sont des dots, où les imaginations jamais surchauffées écoulent des productions lentes, prudentes, dont la négoce s'effectue placidement, sûrement, médiocrement.

Il venait de présenter une pièce en trois actes au Gymnase et redescendait du cabinet directorial, ayant reçu un accueil ni bon ni mauvais. Son grand souci était que de la réception de cette pièce dépendait son mariage avec Mlle Blanche Dubois, personne agréable, non sans fortune, bien élevée, tout ce qu'il rêvait.

Se remémorant quelles influences il pourrait

faire travailler pour favoriser et hâter la bonne conclusion de cette affaire, il traversait, très absorbé, le boulevard Bonne-Nouvelle lorsqu'il fut heurté par un coupé passant au trot. Le choc lui fit perdre pied ; il bascula, glissa et roula au milieu des voitures. Par miracle, il ne fut ni écrasé, ni piétiné. Mais, étourdi, abruti, il ne se fût pas relevé seul. La personne, propriétaire du coupé renverseur avait fait arrêter ses chevaux, descendre son cocher, ramasser l'auteur déconfit. Il se trouva bientôt assis dans le coupé, et doucement, maternellement câliné, par une gracieuse femme blonde, très émue, très inquiète qui l'examinait, l'interrogeait. A ce contact cajoleur, il se ranima si vite et si bien que lorsque la jolie dame lui demanda s'il voulait être ramené chez lui ou conduit chez un pharmacien, il affirma hardiment n'avoir besoin que d'un peu d'air et réclama un tour au Bois. Un sourire complaisant lui répondit.

En route ils causèrent gentiment, avec un crescendo de sympathie et de confiance. Comme ils passaient la Porte-Maillot, ils étaient déjà très amis et ces bons rapports s'accentuèrent si positivement que se trouvant libres tous deux de leur soirée, ils poussèrent très loin la promenade. Deux heures après, ils dînaient en tête à tête dans le chalet rustique d'un restaurant friturier sur la rive d'Asnières. Ils ne s'étaient pas encore nommés. Ils s'y décidèrent.

L'inconnue était la célèbre Lina Calde, la belle comédienne en vogue, talent à grandes toilettes, étoile actuelle du Gymnase, celle dont le nom sur l'affiche montait les recettes au maximum.

Félicien parla de ses projets, de ses espoirs, de ses affaires. Il exposa le mouvement et les situations de sa pièce, débita des fragments de dialogue, dessina les personnages, les tableaux. L'actrice s'intéressait :

— C'est très bien... très bien ! Il y a un rôle pour moi, un vrai rôle ! Ayez confiance... Mon directeur ne lira pas... mais je lirai pour lui... Je n'ai qu'un mot à dire pour que les choses marchent... et je le dirai, ce mot.

Il paraît que le mot fut dit, car peu de temps après, dans le grand salon familial, la petite Blanche Dubois battait des mains en parcourant le courrier des théâtres d'un journal très renseigné sur les potins de coulisses.

— Père ! Père ! La pièce de Félicien est reçue !
— Bah !... fit M. Dubois qu'une émotion saisit.

— Oui !... Oui !... Ecoute plutôt.

Et elle lut d'une voix pressée ce bout d'écho :

« Un nouveau venu, M. Félicien Ducaine, vient de faire recevoir une comédie de mœurs par une de nos grandes scènes de genre. Le jeune auteur semble hautement patronné dans la maison, car des yeux indiscrets affirment l'avoir surpris l'autre semaine dans un cabaret extra-muros et causant très intimement de sa pièce... *avec l'étoile !* »

— Ce n'est pas très clairement raconté, opina M. Dubois... Enfin ! la nouvelle est bonne... Quel est le titre de la pièce ?

— Mais tu vois bien, père !... On le dit... Ça s'appelle *Avec l'étoile !*

DRAMES

Pour Yveling Rambaud.

Le comte de Lieusaint et la comtesse Diane étaient époux depuis dix-huit ans. Ils avaient une fille de seize ans, Marie. Le comte allait peu dans le monde ; la comtesse était au contraire une mondaine passionnée.

Un soir, elle s'était rendue à un bal d'ambassade. Le comte s'apprêtait à passer avec sa fille un bon après-dîner de coin du feu lorsque l'on apporta une lettre que M. de Lieusaint décacheta d'abord avec indifférence, puis lut fiévreusement. Il la froissa, la serra dans sa poche, demanda son chapeau et sortit prétextant un subit rendez-vous d'affaires.

Une heure ne s'était pas écoulée, que la comtesse Diane rentrait à l'hôtel, très pâle en sa toilette de bal, l'air égaré, demandant à Marie comment et sous quel prétexte le comte était sorti.

Peu d'instants après, un commissaire de police se faisait annoncer et venait, avec mille précautions, informer ces dames que l'on rapportait le corps du comte de Lieusaint trouvé assassiné sur la chaussée du quai d'Orsay.

Une enquête fut ouverte et resta infructueuse. La comtesse et sa fille se retirèrent dans leur château de Collonges, près Lyon.

Quelques mois s'étaient écoulés pour elles dans une absolue solitude, lorsqu'une visite vint les surprendre : c'était un jeune médecin, Henry Galine, fort attaché jadis à M. de Lieusaint et qui par la recommandation de celui-ci avait obtenu naguère d'être mis à la tête d'une mission pour l'Afrique Centrale. Il avait quitté Paris le lendemain de la mort de son protecteur. De retour, il venait offrir à la comtesse et à sa fille l'hommage de son amitié et de son dévouement. Mme de Lieusaint le pria de rester quelque temps auprès d'elles ; et il s'installa à Collonges.

Or, un mois s'était passé depuis l'arrivée d'Henry Galine, lorsqu'un matin, Marie vint trouver sa mère dans sa chambre.

— Ma mère, dit-elle, M. Galine m'a annoncé sa résolution de vous demander ma main. Je ne sais pourquoi, il vous croit d'avance peu favorable à ce projet. Malgré sa prière, je viens vous prier de me dire si vous avez quelque prévention contre une union qui ferait mon bonheur ?

Mme de Lieusaint, terriblement frappée, se leva, prit les mains de sa fille.

— Oh ! le misérable ! gronda-t-elle, en une explosion soudaine de colère et de douleur.

Puis, faisant un violent effort, elle dit d'une voix altérée :

— Cet homme ne peut être ton mari. Cet homme a été mon amant ; cet homme est l'assassin du comte de Lieusaint. Tu te souviens de la lettre reçue par ton père, le soir où je venais de partir pour ce bal, lettre au lu de laquelle il sortit brusquement. Cette lettre était un piège infâme. Et c'est Galine qui l'avait écrite. Il attirait ton père dans un coin désert du quai d'Orsay et c'est là, sans témoins, sans lutte, qu'il le frappa. Il songeait alors à m'épouser. Depuis, il t'a vue, et c'est toi qu'il veut. Il espérait sans doute que, moi qu'il a faite sa complice, je n'oserais jamais parler et laisserais faire... Hé bien !... tu vois... J'ai parlé.

Marie épouvantée ne regarda pas même sa mère et s'enfuit dans sa chambre où elle s'enferma en proie à la plus terrible crise. Mais elle avait une nature d'héroïne. Maîtresse enfin d'elle-même, elle s'arrêta à une résolution prise.

La propriété de Collonges s'étendait jusqu'à la Saône dont les flots baignaient une haute tour confinant à la limite du domaine. D'une chambre située au faîte de cette tour et formant belvédère, Marie s'était fait un retiro charmant de méditations virginales. C'est là que, par un billet porté avant le dîner, elle donna rendez-vous pour une heure de la nuit à Henry Galine. Elle l'informait que sa mère s'étant déclarée peu favorable à leur mariage, elle désirait avoir avec lui un entretien secret. Henry viendrait en barque, par la Saône, jusqu'au pied de la tour.

De la fenêtre de son retiro, elle jetterait une corde solidement fixée à la muraille et si Henry était homme de cœur et de force, il se hisserait et viendrait à elle.

A l'heure dite, la fenêtre de la tour s'éclaira et en même temps, la barque d'Henry abordait au pied. Comme il levait la tête il aperçut la silhouette de Marie penchée vers lui. Il sentit en même temps le bout de la corde frôler son front. Sans hésiter, il s'en saisit et tenta l'ascension.

Elle n'était pas sans péril. Mais Henry vigoureux et adroit devait réussir. Tirant des poignets, s'aidant du pied aux parois, il s'éleva rapidement. En peu d'instants il atteignait la fenêtre et son visage tendu vers Marie allait effleurer celui de la jeune fille, lorsque la vierge tragique tira un poignard de son sein, et de deux coups rapides creva les yeux de l'assassin. Il jeta un épouvantable cri aux échos de la nuit et, tournoyant, s'abîma dans le fleuve aux flots pressés et noirs.

OUBLI

Pour Auguste Rœdel.

Saviez-vous qu'il y eût de par le monde une authentique Mme Plantureau ?

Mariés très jeunes, presque enfants, ils avaient éprouvé au bout de quatre ou cinq ans l'instinctif besoin de se persuader qu'ils ne pouvaient se sentir. Sur quoi, ils s'étaient séparés pour suivre chacun ses propres lubies.

De cette brève union ce qui subsistait de plus indélébile, c'était un petit garçon et une petite fille. En se brouillant, mari et femme étaient pourtant tombés d'accord sur ce point que Plantureau se chargerait d'élever le garçon, Maxime, et Mme Planureau, la fille, Juliette.

Puis, sitôt séparés, époux peu vulgaires, M. et Mme Plantureau s'étaient découvert de grandes sympathies l'un pour l'autre. Ils s'étaient revus chez des amis communs, et lors de ces rencontres, ç'avait toujours été entre eux un duel courtois de prévenances et de galanteries. Il s'en était suivi de petites reprises chroniques allant jusqu'à huit ou dix jours, mais sans avoir jamais de suites sérieuses et au bout desquelles, chaque fois on reprenait de part et d'autre, gaîment, sa liberté.

Nous n'avons pas vu qu'au cours de sa carrière, Plantureau se fût fort embarrassé de son fils. Il l'avait interné dans un lycée, le faisait sortir, jours de fête et congés, mais aussitôt réintégré n'y songeait plus.

Or des années et des années passèrent. Plantureau avait dû retirer du collège son fils, bachelier ; Mme Plantureau, sa fille, du couvent.

Ayant ce grand fils à promener avant de le caser à Saint-Cyr ou à Polytechnique, Plantureau devint donc provisoirement un vrai papa, — de même que Mme Plantureau gardant sa fille avec elle jusqu'à ce qu'un mariage la lui prît, dut accepter sérieusement son rôle de mère.

Cette identité de situation coïncida d'ailleurs

capricieusement avec une rechute sentimentale des ex-époux. Par un bel après-midi de Grand Prix, au pesage, Plantureau et son fils rencontrèrent Mme Plantureau et sa fille. Les deux enfants s'ignoraient. Ajoutons que le jeune Maxime ne connaissait pas plus sa mère que la mignonne Juliette ne connaissait son père.

On s'aborda. On causa. On se complimenta. On acheva la journée ensemble. On dîna en partie carrée au Château de Madrid.

Puis, par la soirée tiède et claire, on revint à pied, sur Neuilly.

Très attendris, très vibrants, M. et Mme Plantureau roucoulaient bras dessus bras dessous.

Les enfants allaient devant, très d'accord, jasant gentiment.

— Comme ils sont jolis ! soupira Mme Plantureau.

— Un vrai couple ! murmura Plantureau.

Et le brave garçon oubliait tout à fait qu'il n'était pas en idylle, mais bien en famille et que l'aimable femme qu'il escortait portait légitimement son nom et que les deux gamins, frère et sœur, étaient ses légitimes fils et fille.

Il suivait rêveusement son idée et répétait :

— Un vrai couple ! un couple à la Paul et

Virginie... Trop jeunes pour le moment, par exemple... Mais vous verrez, ma chère amie : deux ou trois ans encore et ils seront mûrs pour s'accorder... et on les mariera... hein ?

AU SEUIL DU MARIAGE

Pour le comte Ogier d'Ivry.

Les amis de Versebois étaient fort contrariés.

Le brillant meneur de leurs parties allait leur être enlevé par un mariage. Ses cousins de Blanterre l'avaient présenté à une ravissante orpheline, Mlle Claire d'Andrésy, dont la grâce ingénue avait triomphé de son goût pour le célibat.

Enfin devant sa résolution nettement manifestée, les amis de Versebois parurent se résigner.

Seulement ils exigèrent qu'il enterrât noblement sa vie de garçon. Et ce fut une succession de fêtes pendant une bonne quinzaine. Comme on approchait de la conclusion, les amis de

Versebois lui rendirent sa série en un splendide souper à la présidence duquel ils le convièrent de compagnie avec les plus précieux échantillons de la galanterie cosmopolite.

En cette orgie finale on réserva comme partenaire à Versebois, l'écuyère Fabia Teveroni qui, à trente-six ans, brillait en tête de toutes les cotes et restait la plus spirituellement élégante et sans conteste la plus belle des demoiselles de grande marque.

Les grands vins et la causerie insistante et capiteuse de Fabia eurent promptement raison des graves scrupules du faible fiancé ; et vers quatre heures du matin, tous deux filèrent à l'anglaise.

Le lendemain comme Versebois s'éveillait chez l'écuyère après un repos vigoureusement gagné, la tête un peu lourde et les reins moulus, ce fut avec émotion qu'il contempla l'aimable femme accroupie à ses côtés, maternelle et câline.

Ils causèrent.

Versebois ne se gêna pas pour parler de sa très prochaine union, pour vanter les fines et hautes qualités de la jeune fille à lui promise... Il raconta comment il lui avait été présenté et comment il serait le premier amour de cette orpheline, d'une naissance assez mystérieuse, grandie dans l'austérité d'un lointain couvent, sevrée très jeune, de toutes tendresses familiales.

— Mais... risqua la Teveroni, son histoire ressemble étrangement à la mienne et pourrait fort bien ressembler aussi à celle d'une jeune fille qui me tient de très près par le sang sinon par le cœur.

Et la courtisane conta son passé, son enfance, ses aventures. Elle était d'origine noble et riche. Ayant perdu de bonne heure tous les siens, mais recueillie par une famille amie, puis élevée tantôt au Sacré-Cœur, tantôt chez ses bienfaiteurs, elle avait été remarquée, puis épousée par un très charmant homme, plus âgé qu'elle, de beaucoup.

Une fois mariée, deux années assez agréables, sinon heureuses. Une fille était née ; mais bientôt un grand ennui, une grande lassitude, un violent besoin d'être à quelqu'un qu'elle pût vraiment et passionnément aimer... Alors, une folie, un brusque coup de tête ; elle s'était fait enlever et s'était jetée à l'aventure. Le mari était mort de chagrin ; et la petite fille, adoptée à son tour par cette même famille amie, avait grandi loin de la mère indigne, élevée comme orpheline.

Une ombre de soupçon passa dans l'esprit de Versebois. Il demanda à la Teveroni si elle savait sous quel nom sa fille avait été recueillie.

— Pas sous celui de Teveroni assurément!... Car c'est mon nom de cirque. Ma fille a gardé le nom de son père... Elle s'appelle Claire d'Andrésy.

Versebois dut tousser à s'étrangler pour garder contenance.

La Teveroni continua :

— Je ne la vois jamais, ma fille. Mais j'ai de ses nouvelles. On doit prochainement demander mon consentement à son mariage. Il paraît qu'elle est tout mon portrait quand j'avais son âge, de figure et de sentiments. Hé bien !... si vraiment elle ressemble à ce que j'étais au physique et au moral, je souhaite bien du plaisir à son mari... Ce n'est pas pour rien qu'on est née à l'image de la Teveroni... Elle fera ce que j'ai fait et sera ce que je suis !

Versebois ne fit plus une question, mais demeura silencieux et troublé. Il ne tarda pas à rentrer chez lui. Il réfléchit longuement. Le soir même, son parti était pris. Il écrivit une lettre détaillée aux parents adoptifs de Claire.

Il s'excusait de reprendre sa parole. Des considérations sur lesquelles il ne pouvait s'expliquer l'empêchaient de donner suite à ses projets. Il savait à quelles conséquences il s'exposait en rompant brutalement ce mariage à la veille d'être conclu ; mais il les acceptait d'avance.

Par bonheur Mlle d'Andrésy était très fière ; non moins fière était sa famille adoptive. On trouva inqualifiable la conduite de Versebois. On ne daigna pas même lui répondre.

Et ce fut fini, bien fini.

Or tout ceci n'était qu'une machination infernale des camarades, et Versebois avait été le jouet d'une mystification énorme. La Teveroni s'était prêtée avec plaisir à jouer ce rôle romanesque de mère imaginaire.

Secondés par le silence méprisant de Mlle d'Andrésy et des siens, les conspirateurs gardèrent à merveille leur secret et Versebois qu'ils avaient voulu arracher au naufrage matrimonial fut rendu aux joies du franc célibat et de la haute noce.

Seulement, il garda la Teveroni

Ce fut par la suite une maîtresse agréable, facile à vivre, lente à vieillir, longtemps brillante et savoureuse. Et quand bien des années après, alors qu'elle n'y voyait plus de danger, un soir d'épanchements, Fabia fit enfin l'aveu de cette déjà très lointaine farce, Versebois lui rit au nez.

— Comment ?... tu ne savais pas ?... On voit bien que je t'ai retirée des affaires ! Mais cette pauvre Claire d'Andrésy, après notre mariage manqué, a perdu la tête... Et il y a bien sept ou huit ans qu'elle gagne ses chevrons dans le bataillon de Cythère... Elle y entrait comme tu en sortais... Je l'ai revue dans quelques fêtes de cercle... Nous avons parlé de toute autre chose que du passé... Elle ne regrette rien... et il n'a manqué qu'une occasion pour que nous soyons un peu plus que bons camarades ?

La Teveroni fronça légèrement les sourcils.

— Est-ce vrai, ce qu'on disait... qu'elle me ressemblait... en plus jeune...

Versebois la considéra.

— Oui, il y a quelque chose... je l'ai vue avant-hier dans une baignoire aux Nouveautés... Au moins a-t-elle l'âge que tu avais quand je t'ai prise avec moi.

La Teveroni se sentit effleurée par une inquiétude. Mais elle n'était pas fille à demeurer sur une appréhension. Elle se leva et donnant une petite tape à la joue de son ami.

— Dis donc!... Ta Mlle d'Andrésy... Tâche d'attendre pour y repenser qu'elle ressemble à ce que je suis maintenant!

PLUS ÇA CHANGE...

Pour Steinlen.

Blanche Riomier se fatiguait du peintre Mauvel qui lui avait mangé les trois quarts de son patrimoine, la battait et l'exploitait.

Dans un élan d'exaspération, elle avait réuni en dossier une série de lettres compromettantes et qui montraient son amant sous un triste jour ; puis elle alla conter son histoire dans les salles de rédaction, cherchant le chroniqueur idéal qui prendrait sa cause en mains, flétrirait Mauvel dans un article « de mœurs » étincelant et documenté, — et vengerait la maîtresse tant outragée.

Or, avant qu'elle eût trouvé le don Quichotte espéré, Mauvel fut informé de ses démarches et imagina d'en profiter. Il s'entendit avec un camarade, Paul Belville, échotier dans une feuille du matin et lui suggéra de s'offrir à Blanche pour faire la besogne qu'elle demandait.

L'affaire s'arrangea sous forme d'un roman à clefs dont le héros serait un personnage photographiquement calqué sur la physionomie bien connue de Mauvel et forcément reconnaissable pour le monde des boulevards, des cercles et des ateliers.

Blanche ravie communiqua son dossier à l'échotier, l'accablant de sa gratitude et l'appelant son généreux défenseur. Le roman fut publié.

Dès le premier feuilleton tout le Paris friand de mignons scandales, et diffamations galantes put y savourer la reproduction des premières épîtres extraites du fameux dossier. Ce fut un potin colossal et le succès ne fit que grossir avec les numéros suivants, tous dosés suivant une habile progression. Toute la correspondance y passa. Elle était édifiante en son cynisme ruffianesque et ce fut un prodigieux régal d'abjection.

Jamais coup de réclame n'avait si merveilleusement porté ; mais ainsi lancées les choses prirent une tournure tout autre que celle espérée par Blanche en son aveugle acharnement.

Du premier au dernier jour de la publication, Mauvel demeura l'homme du jour. Des lettres féminines de toutes sortes affluèrent au journal. Les unes exprimaient une admiration profonde pour la connaissance que le héros de ce roman avait des sentiments intersexuels et son art à les manœuvrer ; d'autres manifestaient une indignation sans bornes contre l'infâme attitude de la maîtresse perfide et haineuse.

Une de ces épîtres était signée : « Mme X.., *une femme trop aimée et trop heureuse qui s'ennuie et voudrait être ruinée et battue comme ça.* » Elle synthétisait admirablement les opinions variées mais identiques de ces dames sur le cas Riomier-Mauvel.

Bref ce fut un triomphe.

Là-dessus, Mauvel eut l'idée magistrale d'organiser une exposition sensationnelle de ses toiles.

Naturellement la badauderie parisienne s'y porta en masse.

Sans trop s'inquiéter que Mauvel fût chromoluminariste ou néo-traditionniste, des amateurs improvisés, par snobisme, faux-calcul ou simple fantaisie, firent monter cette signature nouvelle aux grands tarifs et, du coup, ce fut fortune faite.

D'ailleurs le héros de feuilleton n'avait rien de satanique au cœur et n'aspirait à rien tant que mener la vie correcte.

Sur les premiers bénéfices réalisés, il désintéressa largement son ancienne maîtresse, fit quelque bien autour de lui, ébaucha des travaux importants et finit de la façon la plus honorable en épousant une petite cousine pauvre.

Or subissant à son tour l'inflexible fatalité des lois d'amour, et devenu le plus tendre, le plus dévoué, le plus fidèle des bons maris, Mauvel rendit sa femme tellement, tellement heureuse que, sans que rien ait pu faire prévoir l'aventure, la chère enfant fila un beau soir avec un commis de nouveauté et tout ce qu'ils purent emporter du magot conjugal.

SANS LENDEMAIN

Pour Louis Denise.

Dernier né d'une race de financiers féroces, Abel Lantonne fut au rebours de ses ascendants un garçon purement romanesque. Loin de chercher à grossir encore son trop lourd patrimoine, il ne songeait qu'à le semer à tous vents. D'amours improductives en amours coûteuses, cela le conduisit à s'éprendre d'une fort belle jeune fille, Mlle Déa Véthune. Les Véthune étaient d'une vieille famille de militaires pauvre où la loi d'honneur primait tout.

Ce projet d'union fit pousser les hauts cris dans les deux maisons. Les parents Lantonne ne voulaient pas entendre parler pour leur fils d'une fiancée sans dot. Les parents Véthune se révoltaient à la pensée que leur fille, rebelle aux traditions de famille, n'épouserait pas un soldat.

Devant ces obstacles, les jeunes gens décidèrent de ne pas être l'un à l'autre mais d'en mourir.

Ils se donnèrent leur unique rendez-vous dans une chambre d'hôtel meublé, où après un premier et chaste baiser. Abel logea deux balles dans le sein de sa bien-aimée, puis s'en casa deux pour son compte le plus près possible du cœur.

Ils ne furent que blessés. On accourut. Ils furent rendus à leurs familles respectives qui, touchées enfin, s'accordèrent pour les marier, s'ils guérissaient.

Abel et Déa guérirent.

Ce fut une triste noce. Les deux familles s'obstinaient à ne pas sympathiser.

Les jeunes gens devaient partir pour l'Ecosse après la double cérémonie expédiée aussi simplement et aussi vite que possible.

Mais sitôt libres, ils se firent conduire droit à la chambre d'hôtel où ils avaient une première fois appelé la mort. C'est là qu'ils passèrent leur premier jour et leur première nuit d'hymen en cet isolement profond, absolu qu'on trouve mieux que partout ailleurs, au sein même des brouhahas parisiens.

Le lendemain à l'aube, les gens de l'hôtel furent encore éveillés par deux détonations parties de la chambre fatale. Mais cette fois, il n'y eut pas rémission. On trouva deux cadavres. Abel et Déa plus résolus et plus experts ne s'étaient pas manqués.

Sur une carte du jeune homme laissée au coin de la cheminée on put lire ces lignes d'une ferme et nette écriture :

« Nous avions voulu nous tuer déjà pour ce qu'on nous refusait. Aujourd'hui nous mourons pour ce qu'on nous accorde, en pleine possession. Le bonheur est dans la jouissance sans lendemain. »

BLANC ET NOIR

Pour Adolphe Willette.

Personnages : Un pierrot blanc. Un pierrot noir. Décor une place publique. Au fond, la maison de Colombine. Le pierrot blanc et le pierrot noir entrent, chacun de son côté, tenant une lettre et respirant une rose. Ils ne se connaissent pas. Distraits, ils se heurtent, se querellent, s'excusent, s'accordent, et finissent par causer et se conter leurs petites affaires.

Ils sont venus tous deux pour un rendez-vous, à la même heure, à la même place.

Hélas !

Plus de doute !

La même femme s'est moquée d'eux... Fureur ! Ils s'uniront pour la vengeance. Ils la frapperont, la tueront.

Colombine sort de sa maison. Elle apparaît, blonde et blanche en bleu et rose, pimpante, pirouettante, étourdie.

— Qu'avez-vous mes pierrots?... Ah!... folle que je suis!... Je comprends!... Je vous ai fait venir tous deux à la même heure, au même endroit! Je n'en fais jamais d'autres! Mais vous savez bien qu'à part ça, je suis bonne fille. Ne prenez pas ces airs vexés! Entre gens d'esprit, tout s'arrange!

Les pierrots ont de l'esprit en effet. Ils ne demandent pas mieux que de tout arranger. On fait trêve aux reproches. On cherche des accommodements.

Voyons!

S'ils la prenaient chacun à son tour, par exemple. On essaye. On tire au sort.

Le hasard désigne Blanc pour le premier tour de possession. Noir, docile aux conventions, s'éloigne discrètement.

Blanc et Colombine font l'amour.

Mais la brusque jalousie de Noir éclate au premier baiser. Il intervient. Querelle. Le tour de Blanc est passé. C'est à Noir de prendre sa place.

Il se retire, docile aussi le pauvre Blanc!

Et les caresses s'ébauchent entre Colombine et Noir.

Mais Blanc ne peut se contenir longtemps. Il éclate en sanglots, il a une crise de nerfs qui interrompt la romance de son rival... et c'est au tour de Noir de rester en plan.

Colombine se tord. Il faut chercher un autre moyen que cette alternance ; on n'en finirait jamais. Ils sont trop jaloux.

Nouvelle combinaison : si au lieu de se repasser leur maîtresse, ils la partageaient tout simplement. A chacun une moitié de la chère enfant, avec engagement pris par les deux amoureux de ne jamais empiéter sur le terrain l'un de l'autre.

Par une ligne imaginaire et verticale ils la divisent du front aux pieds en deux parts égales. Colombine, amusée trouve cela exquis. Elle les aime également : qu'ils la prennent donc à eux deux.

Mais, comme on pense, dès la prise de possession, il y a mésentente formelle. Chaque caresse de Blanc contrarie une caresse de Noir et réciproquement. Leurs mains se rencontrent sur la ligne de partage ; leurs haleines s'entre-croisent désagréablement ; leurs regards se choquent, leurs voix se mêlent en un duo discordant. Nouvelle querelle. Menaces. Pour un peu, ils en viendraient aux coups. Il faut renoncer encore à s'entendre de cette façon.

Donc, ni à tour de rôle, ni en même temps. Colombine s'impatiente. Qu'ils en finissent !

Ce qu'il faut, c'est qu'elle soit *à l'un ou à l'autre.*

Ce sera donc un combat ; l'un mort, l'autre vainqueur. Tant pis pour le mort. Colombine sera au vainqueur.

Elle va chercher deux épées, les leur met en mains et règle le duel.

Vlan ! Au premier engagement, Blanc et Noir lancés avec une même fureur se fendent en même temps, s'embrochent en même temps, tombent et rendent l'âme en même temps.

Colombine les regarde effrayée d'abord puis étonnée de ce double coup imprévu. Morts tous deux ! Ses deux pierrots ! Inanimés, raides, sanglants, eux tout à l'heure si ardents, si frétillants !

Mais n'est-elle pas femme à prendre son parti de tout ?

Elle repêche sur les deux cadavres ses deux lettres compromettantes, leur jette un même adieu dans un baiser du bout des doigts.

Leurs mains serrent encore les deux belles roses qu'elle leur avait envoyées le matin.

Elle les leur reprend, pique l'une à son corsage, l'autre en ses cheveux, fait une pirouette, hausse les épaules et rentre dans sa maison.

VENGEANCE PRATIQUE

Pour Paul Vogler.

Dans le haut du faubourg Saint-Honoré, il existe une petite cité de maisons à un étage, exclusivement habitée par des artistes, amateurs ou professionnels. Chaque pavillon comporte l'atelier au rez-de-chaussée et l'appartement, au premier.

En octobre, l'an dernier, Chérin, le graveur, et son amie Lise Langlais, la femme peintre, s'installèrent à l'un des numéros vacants de la cité, mettant en commun meubles, chevalets, burins et frusques. C'était un essai de mise en ménage qui ne devait pas aboutir.

Au bout d'une semaine, Chérin avait une intrigue avec la « demoiselle » du bureau de tabac voisin ; et l'altière Lise Langlais n'ayant pu tolérer cet outrage exigeait l'immédiate séparation.

Il y avait encore un pavillon libre quelques numéros plus loin. Chérin resta dans l'ancien atelier et Lise occupa le nouveau en y faisant transporter son lot personnel de mobilier.

De ce jour, on vécut en voisins indifférents, comme si l'on ne s'était même jamais connus.

Or survint une échéance redoutable dont Chérin avait souvent parlé à son amie : des billets souscrits à un créancier impitoyable et restés impayés après avoir épuisé toutes les formes de délais par opposition, référé... etc... Cette fois, il n'y aurait plus de recours. S'il ne soldait pas, le graveur serait saisi, vendu, nettoyé.

Chérin était donc dans toutes les fièvres de l'appréhension lorsque la veille de la saisie, il reçut la visite inattendue de Lise.

—- Mon vieux, dit l'excellente fille, je sais que tu es dans l'embarras... Permets à une ancienne amie de t'aider dans la mesure de ses moyens. Voilà ce que je peux faire : j'ai déménagé hier. Je change de quartier et mon pavillon est vide. Si tu veux, dès ce soir, y transporter tes meubles, quand l'huissier viendra demain pour te saisir, chez toi il ne trouvera que les murs et le plancher et toutes les affaires seront en sûreté, chez moi.

— Bonne idée ! Viens m'embrasser !

Ils s'embrassèrent, firent longuement trêve à leurs dissentiments ; puis, à la nuit tombante, le mobilier de Chérin fut transporté chez Lise avec le concours de voisins complaisants. La chose faite, on alla souper, puis achever la nuit et passer la journée du lendemain à la campagne pour ne pas assister à la déconvenue de l'huissier qui eût pu provoquer quelque scène désagréable.

Mais le surlendemain quand Chérin revint seul à la Cité prendre des nouvelles, il apprit une tragique aventure. Ses meubles, ses pauvres meubles qu'il croyait sauvés avaient été raflés, non chez lui, mais chez Lise Langlais qui était elle-même sous le coup d'une saisie. L'ingénieuse fille était affligée de divers créanciers personnels dont elle avait voulu se débarrasser sans qu'il lui en coûtât rien. Et elle avait trouvé ce moyen délicieux de se venger de l'ancienne trahison et d'arranger ses affaires en faisant saisir pour son compte à elle les meubles du trop confiant Chérin, sous couleur de leur donner l'hospitalité.

EN PRISON

Pour Henry Rivière.

Georges et Jeannine, très gais, très amoureux encore après quatre ans de mariage faisaient toujours le même ménage gamin et joyeux, sans soucis d'avenir, sans contrainte, ivres de leur indépendance à deux, mangeant du toujours même bel entrain leurs rentes et leur capital.

Avec cela des scènes, des querelles, des raccommodements fougueux, des jalousies à tort et à travers, des pardons demandés à genoux pour des riens, toute la folle griserie de la passion jeune et violemment épanchée.

Un soir, au théâtre, Georges croit s'apercevoir qu'un monsieur lorgne obstinément Jeannine.

Au premier entr'acte, il quitte brusquement sa place ayant vu le monsieur quitter la sienne. Il le rencontre dans le corridor. Il le heurte. L'autre se retourne. Georges l'apostrophe. Le Monsieur hausse les épaules. Georges le provoque

Agacé, le monsieur veut se dérober. Georges se jette sur lui, le secoue et l'on a peine à le lui arracher des mains.

Il n'y eut pas duel.

Mais il y eut plainte déposée chez le commissaire de police par l'inconnu, simple et placide bourgeois. Georges passa en correctionnelle. Il attrapa quinze jours de prison pour voies de fait.

Une vraie catastrophe pour le jeune couple que cette menace d'une séparation de quinze jours ! Ils ne s'étaient jamais quittés... Quinze jours ! Un siècle.

Alors un avocat de leurs amis prend pitié et leur donne le meilleur conseil.

Il y a parmi les habitués du Dépôt, toute une clientèle de repris de justice qui, entre deux incarcérations consentent volontiers à se substituer à d'autres condamnés et, pour une somme rondelette s'offrent à purger la peine de quelque particulier riche. Une ressemblance physique habilement exploitée suffisait souvent. L'avocat alla jusqu'à leur en désigner un, d'assez bonne mine et qu'on pouvait aisément faire passer pour Georges.

Le marché fut conclu.

Au jour dit Jeannine, s'armant de courage, conduisit elle-même, pour plus de vraisemblance, son faux mari à la maison de détention.

Le sosie de Georges joua très correctement son rôle, si bien même que le directeur de la prison, jugeant qu'il avait affaire à des gens du meilleur monde se mit en frais de galanterie.

— Monsieur !... Madame !... leur dit-il, je sers combien doit être douloureuse pour de jeunes mariés une séparation de quinze jours... Je sais à qui j'ai affaire ; aussi je me permets de laisser mon cabinet à votre disposition pour vos adieux. Vous avez une heure devant vous...

Et il se retira avec le salut le plus courtois laissant Jeannine toute rose, tout interdite.

Mais le repris de justice n'avait pas les mêmes raisons pour se troubler.

Sans l'ombre d'une hésitation, avec une aisance exquise il mit un genou à terre, saisit la petite main gantée et baisa le fin poignet.

— Sérieusement, madame, murmurait-il en l'attirant doucement, si M. le Directeur ne s'en était pas mêlé, je n'aurais jamais osé vous demander ça !

L'ÉDUCATION DE JUJU

Pour Ernest Gégout.

Adalbert de Sainte-Palombe, sorti bachelier de la maison religieuse où s'était achevée sa très orthodoxe éducation et reprenant sa place en l'hôtel familial reçut pour son service personnel un jeune valet de chambre, recommandé par les bons pères et répondant au nom de Séraphin.

Sous ses airs chattemitte, ledit Séraphin était bien la plus absolue petite fripouille qu'on pût rêver. Orphelin, né des hasards du pavé parisien, il était le frère d'une petite ouvrière, Julienne, dite Juju, vraie fleur de grâce et de beauté. Depuis quatre ans qu'il lavait la vaisselle dans les cuisines du séminaire, il n'avait cessé de rêver pour sa petite Juju un avenir tout spécial et qu'il comptait bien exploiter grassement, dès que cela se pourrait. Aussi tous ses petits bénéfices de larbin passaient-ils à l'éducation soignée et à l'entretien préparatoire de la mignonne.

Quand il fut placé chez les Sainte-Palombe, il loua pour Juju une petite chambre dans le voisinage de l'hôtel afin de la pouvoir diriger et surveiller de près.

Il va sans dire que Séraphin, dès le premier jour, considéra son maître le vicomte Adalbert comme un sujet tout désigné pour ses premières expériences. Il commença par inculquer sournoisement au jeune homme les première notions de l'Art d'aimer en les adornant des commentaires les plus alléchants et les plus troublants. Quand l'héritier des Sainte-Palombe fut à point, Séraphin n'hésita plus à lui faire connaître sa sœurette. Sous prétexte de promenades édifiantes et instructives avec M. le vicomte dans les musées, dans les églises, dans les bibliothèques, il le menait assidûment aux sorties d'atelier d'où la jolie fille venait à eux familière, fraîche et rieuse. L'enthousiasme d'Adalbert ne fut pas plus lent à éclore que celui de Juju, d'autant que le vicomte recevait de sa famille aveuglément confiante une pension assez ronde pour qu'il pût dorer convenablement les prémisses de cette idylle. Cependant le jeune homme entré dans l'intimité de la petite ouvrière ne tarda pas à éprouver que si Séraphin l'avait admirablement soignée au point de vue physique et dressée au point de vue pratique, son éducation laissait fort à désirer sous le rapport de la tenue et de la conversation. Quelques appellations trop familières telles que « grande moule », « veau malade », « micheton à la manque », choquèrent souvent les oreilles du vicomte habituées à plus de respect. Il avait rêvé de Paul et Virginie, et la réalité menaçait de ne lui offrir qu'un prologue de Nana.

Quelques observations discrètes restèrent sans résultat ; l'adorable Juju s'obstinait à gâter ses charmes par de déplorables façons. Ce fut en vain qu'Adalbert se montra tour à tour suppliant, persuasif et sévère. Rien n'y fit. C'était de nature. Enfin poussé à bout, le vicomte, une bonne fois, passa outre à ses principes innés de galanterie et finit par gratifier d'un retentissant soufflet son exaspérante bien-aimée. Mais la chose ne fut pas plutôt accomplie que devant les larmes et la suffocation de Juju, le sang bleu du vicomte bouillonna de confusion. Il ne trouva rien à dire pour s'excuser, fit demi-tour et s'éloigna. Il avait frappé une femme ! Devant cette action, il lui sembla que toute la noblesse des Sainte-Palombe s'éteignait en lui.

Mais Séraphin qui, larbin discret autant que frère complaisant assistait de loin à la scène, accourut aussitôt, retint son maître, le supplia, le raccrocha, le ramena.

— Monsieur le vicomte ! Regardez donc Juju ! Elle ne pleure plus ! Elle vous fait un petit signe bien humble, bien tendre !

— Je l'ai offensée, brutalisée... J'ai été un goujat. Je n'oserai plus jamais lever les yeux sur elle.

— Allons donc !

— Jamais elle ne me pardonnera de...

— De... de quoi ? Ben vrai ! Si Juju ne s'habituait pas aux coups avec monsieur le vicomte, avec qui donc qu'elle s'y habituerait ?

JEUX DE SAVANTS

Pour Jules Bois.

Le célèbre physicien Ramponnet et le grand ingénieur Doubleval sont deux rivaux courtois, doués des dons d'invention les plus subtils et imbus de l'esprit le plus moderne. Or Ramponnet est l'époux d'une femme tant jolie qu'il soupçonne Doubleval d'en être éperdument épris.

Leur camaraderie a survécu quelque temps à ce doute. Mais l'imagination surexcitée du savant marié n'a pas pu se faire aux meilleures raisons et sa jalousie a voulu mettre à l'épreuve la délicatesse du savant célibataire. C'est déjà de la part de Ramponnet un remarquable tour de force que de faire entrer dans son plan les susceptibilités de Mme Ramponnet. Il y réussit pourtant. Elle a consenti à écrire sous sa dictée toute une série de lettres ardentes qui s'échelonnant de deux jours en deux jours finissent au bout d'un mois par préciser leurs aveux progressifs en une demande de rendez-vous, très catégorique. Le lieu choisi est, ô comble d'impudence! le boudoir même de la belle Mme Ramponnet, en plein domicile conjugal et pendant une absence supposée du mari.

Amour, tu seras toujours le bourreau de l'amitié? A l'heure convenue, Doubleval sonne chez les Ramponnet et se laisse introduire dans le boudoir où il trouve la gracieuse femme languissant en une pose prometteuse et déjà lascive. Il s'avance; son pas est mal assuré. Mais à peine s'est-il approché que par un coup de théâtre la gracieuse image s'évanouit et que Ramponnet en personne apparaît les yeux chargés d'éclairs furieux et tenant à la main un revolver vengeur.

Quel est ce mystère? Il est bien naïf! Par un jeu de glaces et des effets d'optique dont les prestidigitateurs forains usent pour leurs trucs célèbres de Galathée et du Décapité parlant, l'habile Ramponnet n'a offert à la trahison de son ami que l'innocent reflet de l'attrayante personne, rien que son reflet !

Quoi qu'il en soit, Doubleval n'a plus qu'à confesser sa faute et qu'à implorer la clémence de l'Othello. Mais Ramponnet, fou de colère, ne lui en laisse pas le temps. Il braque son revolver, presse la détente et abat à ses pieds l'ami félon. Celui-ci tombe sans un cri, sans un geste mais aussi, *sans une goutte de sang*. Devant ce miracle, Ramponnet s'est élancé ; puis il recule, saisi d'étonnement et d'admiration.

Depuis un mois que dure la correspondance, Doubleval a flairé le piège. Il a fait riposte d'ingénieur à physicien, en mettant la dernière main à l'œuvre qu'il faut considérer comme sa plus merveilleuse création. C'est un automate à son image, le reproduisant avec une minutie incroyable dans la ressemblance des traits, des gestes, des attitudes, de la démarche, un automate prodigieusement articulé, véritable défi à Hoffmann et à Villiers de l'Isle Adam et qu'il a envoyé à sa place, tâter les embûches du ménage Ramponnet.

VINGT ANS APRÈS

Pour le baron Louis d'Aimery.

Pierre Degâche venait d'épouser une belle fille de son pays, Andrée ; et tous deux, lui comme cocher, elle, comme lingère étaient entrés au service du comte de Pradies. Ce gentilhomme, plus que mûr, habitait tout l'hiver son hôtel de la rue de Poitiers ; il était de goûts casaniers, n'allait pas dans le monde et soignait ses sens à domicile. C'est ainsi qu'Andrée devint sa maîtresse.

Or Pierre ne se montra nullement mari complaisant ; c'était au contraire un sombre jaloux qui, à la première révélation, menaça de tout casser. Une telle attitude n'était pas du goût d'Andrée, laquelle prenait goût à la situation de servante maîtresse et n'entendait pas voir la puissance de sa robuste beauté contrecarrée par des violences maladroites et dont M. de Pradies se fût vite lassé.

Elle combina donc tout un terrible petit drame qui devait la débarrasser de ce cocher trop conjugal et assez grossier pour ne pas savoir prendre ses fonctions d'époux par le bon côté. Un adroit imbroglio fit soupçonner Pierre d'un vol commis au préjudice de M. de Pradies avec tentative d'assassinat. Arrêté, jugé, incapable de prouver son innocence, le cocher fut condamné à de longues années de bagne.

Andrée resta donc libre, toute à sa victoire et jouant de plus en plus à la dame avec son opulent seigneur, absolument conquis. Peu à peu, ils vécurent comme mari et femme. Une fille, Renée, naquit au cours de ce collage. M. de Pradies la reconnut, et l'enfant grandit élevée en demoiselle. Elle avait quatorze ans, lorsque le comte mourut ayant déshérité sans réplique ses héritiers, d'ailleurs lointains, et laissant toute sa fortune à la petite Renée.

Des années s'étaient écoulées depuis la condamnation de Pierre Degâche lorsqu'il fut libéré, quinze mois avant l'expiration de sa peine. Le forçat n'avait couvé qu'une idée fixe pendant tout cet atroce temps de bagne : se venger de la coquine qui avait brisé sa vie en pleine jeunesse. Il ne serait pas difficile sans doute de la retrouver, oublieuse et triomphante dans l'étalage criminel de son luxe maudit. Pierre Degâche trouva assez facilement quelques besognes qui lui permirent de subsister et de demeurer à Paris. Il y vécut plusieurs semaines, ignoré, caché, guettant une occasion.

Un mardi, Andrée et Renée sortant de leur soirée d'abonnement à la Comédie-Française et préférant faire route à pied avaient renvoyé leur voiture et regagnaient la rue de Poitiers, doucement, causant et jouissant d'une belle nuit printanière, claire, tiède, qui faisait délicieuse cette promenade le long des quais tranquilles. Elles ne virent pas qu'un homme les suivait. C'était Pierre. Soudain il prit les devants par un détour et courut se poster au coin du pont des Saints-Pères. L'endroit était désert à souhait. Lorsque les deux femmes passèrent, le forçat surgit devant elles, le surin au poing.

Andrée l'avait-elle reconnu ? Elle poussa un cri de terreur et demeura immobile, fermant les yeux, les mains suppliantes.

Mais à quelle impression obéirent en ce moment les sens hallucinés du justicier? Il ne put reconnaître Andrée dans la créature vieillie, usée, blanchie, déformée qui demandait grâce. Il ne vit que Renée, debout près d'elle, Renée, adorable de jeunesse, de force et de grâce, Renée, svelte et belle, toute pareille à sa mère lorsque celle-ci avait vingt ans, lorsqu'elle était la femme aimée et criminelle — et c'est Renée que l'arme vengeresse visa et frappa.

LEQUEL?

―――

Pour Jules de Brayer.

Plantureau les suivait depuis la rue du Havre : le mari, grand, blond, mince, élégant, la femme menue et rondelette, jolie roussotte au teint transparent. Il les suivit dans le hall de la gare Saint-Lazare, les devança au guichet de Saint-Germain et prit un ticket-retour.

Le monsieur n'était venu que pour accompagner. La dame seule avait pris un billet.

On sonna pour le départ. La dame fit ses adieux au monsieur.

— A ce soir, mon chéri ! Je regrette que tu ne m'accompagnes pas… Mais puisque ma tante viendra au-devant de moi…

Ils s'embrassèrent et se quittèrent. Le monsieur blond disparut. La dame sauta dans un compartiment à moitié plein. Plantureau s'y casa derrière elle.

Il dut renoncer à tout manège, le wagon restant comble jusqu'au bout.

— Bah ! se dit-il, je passerai tout ce jour à Saint-Germain et je la retrouverai au retour, puisque c'est chez sa tante qu'elle va et puisqu'elle reviendra ce soir...

Mais, à Saint-Germain, quelqu'un attendait sur le quai, se présenta à la portière et offrit sa main à la voyageuse. Elle sauta, répétant sur le même ton et avec la même effusion qu'au départ.

— Bonjour, mon chéri... Je regrette que tu ne sois pas venu me chercher à Paris... mais puisque ma tante était venue jusqu'au guichet avec moi...

Et le reste de la phrase se perdit, la petite dame s'étant laissé entraîner rapidement par le bras robuste d'un monsieur gros, brun, de très belle mine.

Et Plantureau renonçant à poursuivre, jetant au couple envolé un regard déçu, monologuait tristement en remettant son ticket.

— Pas de chance ! La tante de Paris... La

tante de Saint-Germain ! Le monsieur blond !... Le monsieur brun !... le mari... l'amant !... Ah !... mais, au fait, le mari ?... lequel des deux ?

L'AMOUR MOUILLÉ

Pour Maurice de Féraudy.

Il pleut à torrents.

Au coin de la rue Réaumur et du boulevard Sébastopol, une petite femme pressée, montrant fin profil, taille souple et mollet rond attend sous l'averse une place dans le tramway de Montrouge.

Le tramway arrive.

Complet dessus ; complet dedans.

Le dernier voyageur monté sur la plate-forme est un monsieur entre deux âges, assez bien, un peu poseur, un peu trop bien mis.

Le tramway stoppe inutilement devant la station. Personne ne descend. La petite femme frappe du pied... Quel guignon !... Attendre encore une voiture sous cette trombe !

Pourtant elle lève les yeux, juste à temps pour s'apercevoir que le monsieur de la plate-forme la considère et la trouve agréable.

Très vite, elle trousse un peu plus haut sa jupe, cambre sa taille et jette au voyageur, en pleins yeux, un regard chargé d'éloquence et qui signifie sans détour :

— Beau monsieur ! Je ne vous connais pas !... Je ne sais qui vous êtes... Pourtant, ça y est. Vous m'avez donné le coup de foudre !

Le tramway va repartir.

Mais le monsieur salue d'un petit signe de tête joyeux et fat. Il répond à l'appel inespéré en sautant à terre, magnétisé.

Lors, avant qu'il ait touché le trottoir la petite dame a bondi sur la plate-forme ; et, tandis que le tramway repart enfin, elle vient occuper l'unique place laissée vacante par le monsieur qui demeure à son tour, tout bête, sous l'averse.

AU NOM DE LA LOI!

Pour Rodolphe Darzens.

On crut que la disparition de Mme Larrive ne mettrait pas M. Larrive en grand souci.

Le ménage était depuis longtemps désuni. On connaissait au mari une liaison avec une veuve du voisinage ; le départ de sa femme légitime semblait donc une solution plutôt heureuse et qui devait mettre tout le monde à l'aise.

Il n'en fut rien. La veuve excita le bonhomme à profiter de cette occasion pour aller droit au divorce ; elle brûlait de s'appeler à son tour Mme Larrive. Lui, seul, se fût tenu tranquille ; mais pour complaire à la belle il partit à la chasse au flagrant délit.

Après d'actives recherches il apprit que

l'épouse prodigue ne s'était pas nichée bien loin. Elle était restée dans le même quartier, vivant très simplement dans un modeste logement et n'y recevant personne. Seulement la concierge indiscrète révéla que deux fois par semaine sa locataire allait rejoindre un amant mystérieux dans un hôtel situé près de la gare du Nord. Cette confidence grassement payée acheva donc de mettre M. Larrive sur la bonne piste. Il tendit donc son embuscade, prévint le commissaire de police et, certain de l'adresse, du jour et de l'heure, se fit escorter par le magistrat pour les constatations.

Pan ! Pan !

— Ouvrez au nom de la loi !

On ouvrit sans difficulté et Mme Larrive se présenta gantée, en toilette de ville, demandant ce qu'on lui voulait. On passa outre ; le commissaire très complaisamment fouilla la pièce, scruta les dessous de meubles, sonda les armoires, les placards, la literie, la cheminée, passa le balcon en revue et finalement déclara renoncer. On avait bien Juliette ; mais puisqu'il n'y avait pas de Roméo, toute insistance serait vaine.

Le mari dut se retirer déconfit sous l'averse

de railleries que ne lui ménagea guère l'épouse victorieuse.

En bas, le commissaire prit congé de lui et M. Larrive dans son trouble ne remarqua même pas qu'il entrait plus d'ironie que de compassion dans le salut de l'homme à écharpe.

Ils se tournèrent le dos, l'un poussant par la rue de gauche, l'autre par la rue de droite.

Rentré chez lui, Larrive tout maussade s'enferma et se déshabilla. Il allait se mettre au lit lorsque sa mauvaise humeur éclata sous forme de résolution brusque.

— On s'est moqué de moi !... Je n'admettrai jamais ça !... Ils ont beau faire... j'aurai ma certitude.

Désormais en proie à l'idée fixe, il se rhabilla, reprit son chapeau, rouvrit sa porte et, bientôt après, se retrouva dans la rue.

Il reprit le chemin de l'hôtel, en homme crâne qui veut avoir la conscience nette.

Il était robuste, et portait une lourde canne.

Il se présenterait seul, bousculerait tout et entrerait de gré ou de force. Personne ne l'attendait maintenant et la surprise serait bonne. Certainement l'amant devait être revenu dans la place, en toute quiétude. M. Larrive tomberait comme une bombe au plus beau moment de la petite fête. Il crierait, ferait du tapage, ameuterait les voisins et ce scandale publié attesterait suffisamment ce que le magistrat n'avait pu constater.

Sous cette impulsion de revanche, il allait à furieuses enjambées.

Le garçon de l'hôtel déjà ensommeillé ne le reconnut pas et le laissa monter sans explication. En trois sauts, les trois étages furent franchis. Et tout de suite, sans reprendre haleine, pan! pan! dans la porte!

Cette fois on n'ouvrit pas.

— Très bien!

Et sans renouveler cette première sommation discrète, il s'arcbouta contre une marche, rassembla tout le poids et toutes les forces de son gros corps puis se lança de l'épaule contre l'huis peu résistant. En cinq ou six coups de bélier, presque sans intervalle la porte était enfoncée et le mari se retrouvait dans la chambre de tout à l'heure au milieu d'un désordre de meubles et de vêtements.

Deux êtres presque nus avaient surgi devant lui; et des gens accouraient, à ce fracas, de tous les étages de l'hôtel, chandelles à la main.

Cette fois Juliette était pincée et bien pincée. L'esclandre était complet.

Quant à son complice, plus atterré qu'elle, il baissait la tête devant le regard triomphant du mari vengé et devant tous ces bougeoirs braqués sur lui.

Ce complice, tout le monde l'avait reconnu. C'était... M. le commissaire.

LITTÉRATURE

Pour Henry Hamel.

Fernand de Riaz, orphelin de vingt-cinq ans, seul maître d'une des plus belles fortunes de France, n'avait jamais songé qu'à être un éreinteur de femmes, de bretteurs et de pur sang. Il mangeait son capital avec le tout-Paris de la décave. Parmi ses parasites, se trouvait un certain Bastien Cherpon, ami de collège laissé sans fortune par un père à rentes viagères.

Cherpon vivait d'infimes métiers littéraires. Fernand l'avait recueilli, pris chez lui, le nourrissait, le logeait, l'habillait, l'assistait en tout.

Ainsi entretenu Cherpon n'ayant plus le souci du pain quotidien put se donner à des besognes plus relevées. Son peu de talent consistait en un style de grimaud qu'alimentaient de sournoises compilations. Mais travailleur et sobre, dépensant à peine la petite pension que Fernand lui servait mensuellement, il avait publié coup sur coup trois romans d'un tour pédant, mais fort soignés. Son nom adonisé par les réclames que lui payait son ami de Riaz se faisait jour dans le public et commençait à plaire aux éditeurs.

Fernand était tout fier d'avoir, avec son argent, fait de cet être lamentable et désespéré quelqu'un de presque propre.

Hélas ! pauvre Fernand ! En deux ans, les banques, les pronostics de Robert Milton et son goût pour les filles de prix l'avaient mis à la côte, tout à fait nettoyé.

Incapable d'envisager la vie sans grosses dépenses, il se serait tué si Cherpon n'avait pas été là, Cherpon marié, devenu riche, célèbre et généreux.

De Fernand, Cherpon fit, à son tour, son secrétaire, l'employant à des travaux de copie, le ménageant, l'aimant ne lui donnant que juste assez de besogne pour que la susceptibilité du gentilhomme put accepter tant de bontés.

Par la protection de l'écrivain célèbre, Fernand devint un bon petit journaliste, notant les faits divers de la vie mondaine en une chronique hebdomadaire à laquelle sa compétence en matières élégantes donnait quelque valeur.

Or Fernand aima bientôt sa plume. Toute la poésie de son cœur avait survécu à la défaite de ses illusions : il trouvait peu à peu à l'épancher sur ce papier blanc, dans ces cahiers carrés de « la copie », dont il n'avait jamais soupçonné le charme.

... Un soir, Fernand qui a, dans la journée, envoyé des fleurs à madame, vient dîner chez les Cherpon. Comme toujours, on lui fait fête.

Mais, au dessert, Fernand tire sournoisement Bastien à part.

— Tu as fait de moi un chroniqueur ? — Je m'en vante : un excellent chroniqueur. — Hé bien ! Sais-tu ce que j'en ai fait, moi, de ce chroniqueur ? — Un homme heureux ? — Mieux que cela : un écrivain ! Puis, tremblant : Tu trouveras sur ton bureau un manuscrit gros comme ça... c'est mon premier roman que je te soumets ! C'est le prix de mes veilles depuis quinze mois. Tu le liras et me diras ce qu'il faut en faire !

C'est une merveille sentimentale, ce roman ! Tant de passions s'y agitent, tant de douleur vraie s'en exhale : sa fantaisie et sa réalité sont telles que Cherpon n'a jamais rien lu de pareil. La prose en est frémissante, et palpite : c'est du style pur sang ; non pas de celui que les rhétoriques ont doctoralement filtré, mais de celui-là qui coule de l'âme comme un invincible torrent, charriant des pensées vierges.

Le misérable Bastien l'a lu en une nuit. Le lendemain matin, il télégraphie à Fernand.

— « Passe chez moi tantôt. »

Et dans le tantôt, Fernand vient. Il ne trouve pas Cherpon. Mais il trouve son manuscrit chez le concierge, avec cette lettre :

Mon cher,

Ainsi, tu t'es dit : Ma vie vaut la peine qu'on la conte ; pourquoi ne la conterais-je pas moi-même ?... Mon pauvre enfant ! tu t'es conduit en cette affaire avec la généreuse ardeur d'un naïf, avec la fougue d'un ignorant. Quand cette formidable idée de faire de l'art se logea en ta tête, sais-tu comment tu devais te comporter ? Non, n'est-ce pas ? et c'est ta seule excuse. Crois-tu donc que des siècles de littérature ont précédé le nôtre sans qu'une gradation se soit établie, sans qu'ils nous aient imposé les lois de civilisation qui pèsent sur le reste de l'humanité ? Tu as voulu faire de la littérature. Sais-tu ce que c'est ? Regarde autour de toi et apprends : Regarde-moi simplement, Moi qui suis né homme de lettres, qui ai peiné vingt ans à la tâche de m'assimiler les chefs-d'œuvre, vois ce que je suis : un faible jongleur de mots bien inexpert encore. Et toi, avec ta bonne foi, tu veux d'un seul bond, sans que des aptitudes spéciales et surnaturelles t'y portent, atteindre un but que moi-même je vise depuis un quart de siècle ? Si tu n'étais un fou, un enfant, tu serais impardonnable d'avoir ainsi manqué de respect à l'art ; que je t'aie fait venir, que je t'aie sermonné de la sorte, crois bien que c'est parce que je t'aime, parce que je te sais bon, parce que j'espère beaucoup de ton repentir. Rentre chez toi, prends Bossuet, prends Chateaubriand, prends Flaubert ; relis ensuite tes phrases, compare et médite !

Du reste, je ne veux pas te décourager : travaille ! travaille ! peut-être qu'un jour, tu auras du talent. Crois bien qu'alors je serai le premier à t'en avertir.

Bastien Cherpon.

Penaud, son manuscrit sous le bras, Fernand a regagné son logement de garçon.

Il a lu du Bossuet, puis du Chateaubriand, puis du Flaubert tout l'après-midi, toute la soirée.

Puis il a jeté son manuscrit au feu et s'est couché, la tête lourde, songeant que le lendemain il lui faudrait passer toute la nuit au bal d'une horrible Haïtienne, Mme S... dont le mari a couvert d'or la presse élégante pour qu'il fut dignement rendu compte de cette mémorable fête.

« MON FRÈRE »

Pour Jules Hoche.

Madame X... vivait, à Paris, dans une pension de famille, avenue d'Antin.

Etait-elle vraiment grecque ?

Son nom, que je ne puis reproduire, était de ces noms à consonance bizarre dont on ne trouve l'étymologie précise dans aucun idiome particulier et qui peuvent à volonté désigner une parisienne ou une Yankee, une Moscovite ou une Madrilène.

Elle parlait huit langues.

En somme, elle était charmante. Je ne lui avais pas été présenté. J'avais été simplement son voisin de stalle dans un concert et m'étais trouvé à même de lui rendre un petit service de vestiaire ou de lorgnette, de programme ou de petit banc (je ne sais plus) qui nous avait aidés à nouer un bout de causette.

Pas cocotte, mais très libre. C'est le droit des étrangères chez nous. Elles en usent et c'est d'autant mieux qu'elles nous y associent parfois.

— Il faut nous revoir, me dit-elle gentiment à la sortie. Je vis assez seule... Mon frère est bien à Paris... Mais nous ne nous rencontrons que rarement... Venez donc dîner mardi, à sept heures...

Elle me donna l'adresse de sa pension.

— Je m'arrangerai pour qu'on ne nous mette pas à table d'hôte.

Le mardi, je vins donc, à sept heures.

On avait dressé notre couvert à part, dans un petit salon, meublé — détail bizarre pour une pension de famille — d'une chaise longue.

Nous dînâmes. Son charme avait le don de me mettre en verve. Je l'amusai d'un tas de bavardages gais.

Au dessert, elle quitta la table, s'étendit sur la chaise longue, derrière moi et alluma une cigarette.

Je fis aussitôt faire demi-tour à ma chaise et

me trouvai contre elle, détaillant déjà les grâces de son joli être.

Je pris sa main souple et douce et... la porte du petit salon s'ouvrit.

Un grand monsieur, de mise élégante, le teint animé, parut et s'approcha.

Il avait jeté son chapeau et ses gants sur une chaise et restait debout, muet, avec une apparente indécision d'attitude et de geste.

Je m'étais levé, laissant retomber la petite main.

Mme X... avait un peu rougi, très peu. Elle ne quitta pas la chaise longue. Elle dit quelques mots, en grec, au monsieur. Celui-ci lui répondit avec volubilité dans la même langue. Puis il se calma, me regarda et s'assit.

Mme X... me le présenta.

— Mon frère !... il ne parle pas le français !...

Puis elle se tourna vers le monsieur et, à mon tour me présenta, au Grec et en grec.

Oh !... le grec !... Je sais très mal lire, imprimé, celui qu'enseigne Burnouf. Mais le grec moderne et parlé m'est aussi impénétrable que le chaldéen ou le zoulou.

Ils causèrent dans cette langue harmonieuse,

une heure durant, en ma présence. Parlaient-ils politique, affaires, famille, esthétique ou toilette?

Je n'en sus rien. Et je fumai force cigarettes en buvant pas mal d'arack.

Enfin, le monsieur se leva, baisa la main de Mme X..., me salua et sortit.

. . . . , . .

Mme X... a été ma maîtresse pendant deux ou trois mois. Nous nous voyions au moins deux fois par semaine.

Je l'avais jugée très libre d'abord. Au fond, elle était du meilleur ton et parfaitement réservée.

Elle m'aurait même donné lieu de croire que, pendant tout ce laps, j'avais été sa seule fantaisie galante, si mon ami Z... ne m'avait détrompé brutalement.

Mon ami Z... est précisément attaché à l'ambassade hellénique

Un soir, au cercle, il me dit :

— J'ai parlé de toi aujourd'hui... avec un noble hellène, qui te connaît.

— Bah !...

— Oui ! Il est au mieux avec ta sœur?

— Ma sœur? Je n'ai pas de sœur...

— Allons donc !... une femme charmante... Mme X... Elle connaît toute la colonie grecque de Paris... et mon ami Théropulos entre autres, lequel en est fou !...

— Mais Mme X... n'est pas ma sœur... C'est au contraire...

— Pas ta sœur ? Théropulos, qui ne sait pas un mot de français, a parfaitement retenu ton nom... Il t'a vu un soir chez elle... Tu y dînais... Elle l'a présenté à toi, en français... et elle t'a présenté à lui, en grec, te désignant ainsi : « M. C..., mon frère ! »

MARIVAUDAGE

Pour Louis le Cardonnel.

Ce fat si sensé, Paul Claret, venait une fois encore de froisser la tendresse de son amie, Mme Bréant. Devant la femme de chambre qui coiffait la jeune veuve à sa toilette, Paul avait, sans raison apparente, sans impatience non plus, pour le plaisir de causer, dit à celle qui lui sacrifiait ses relations, sa réputation, plus encore :

— Ma chère amie, contentez-vous de vous tenir pour mon obligée. Ce serait le monde renversé si vous me considériez comme *ayant reçu* quoi que ce soit de vous. Les femmes n'ont *rien à elles*, rien à *donner*... et ne *donnent* jamais rien !

Mme Bréant était devenue très rouge. Une larme coula silencieuse, lente sur sa joue brûlante.

Paul, indifférent, s'était levé.

— Je viendrai ce soir, à huit heures, vous prendre pour l'Opéra. Ayez vos diamants...

— Mais je...

— Ayez-les, je vous prie ! Il a couru des bruits fâcheux... Je souhaite qu'ils cessent !

Il baisa l'épaule nue de son amie et se retira.

La femme de chambre le reconduisit.

En lui donnant sa canne, cette fille, une jurassienne sombre et robuste, belle d'un fier caractère de gravité rustique et dont il avait souvent, en badinant, complimenté la grâce étrange, le regarda fixement et lui dit soudain d'une voix basse, rapide.

— Monsieur disait qu'une femme n'a jamais rien à *donner* ! Ah ! monsieur ! Moi, j'ai un amant qui pour mes beaux yeux s'est fait voleur. Il est en prison, très loin d'ici, depuis deux ans déjà... Je ne puis l'aller voir qu'une fois tous les six mois... Ce sont les seules fêtes de notre vie brisée. Or, le pauvre garçon, c'est justement après-demain qu'il attend ma visite... Nous espérons tous deux cette date depuis une demi-année... Hé bien ! le voulez-vous, ce jour ? Si vous me trouvez encore jolie... *je vous le donne !* entendez-vous ? ce jour désiré et promis, *je vous le donne !*

Paul sourit :

— Enchanté, ma belle enfant !

Puis, de son gant, lui tapotant la joue :

— Seulement, tu vois bien que tu n'as rien à offrir qui t'appartienne ! Ce jour de plaisir que tu veux m'offrir, comme la chose la plus précieuse dont tu disposes, *ce n'est pas toi !...* c'est ton amant *qui me le donne !*

POUR UN COUPLET

Pour Fernand Xau.

Le Pesqueur, gros marchand de publicité, a pour protégée, dans les prix doux, la petite Irma Rallye qui débute sur la scène des « Menues Fantaisies » dans une revue de printemps.

Elle y joue divers travestis à couplets.

Entre autres, dans l'inévitable tableau dit « *des journaux parisiens* », elle tient le rôle du « *Paris-Boulevard* », un quotidien grand format à dix centimes que Le Pesqueur lance depuis deux mois à grands frais d'affiches.

Par un bizarre caprice elle a stipulé dans son engagement que les auteurs la laisseraient libre d'accommoder elle-même son rondeau. On y a consenti, pensant que c'était pour faire plaisir à Le Pesqueur.

Or, dès la première répétition, ce n'est pas sans stupeur qu'on l'entend débiter ce couplet surprenant.

> Je suis le *Paris-Boulevard*,
> Messieurs, et vous le dis sans fard.
> De mes braves actionnaires
> Avec peu d'chos' je fais l' bonheur,
> Car chaque nuit, en leur honneur,
> Je tire..... à deux mille exemplaires !

Le Pesqueur, qui assiste à la répétition, bondit :

— Deux mille ? Le *Paris-Boulevard* ? Mais c'est infâme !. Si le *Paris-Boulevard* ne tirait qu'à deux mille, ce serait la faillite en huit jours ! Qui s'est permis cette plaisanterie ? Messieurs les auteurs ! monsieur le directeur ! Je vous ferai un procès en diffamation ! Il y a cabale !

Auteurs et Directeur sont désolés. Mais que faire ? Ils intercèdent auprès d'Irma. Elle hausse les épaules. Son traité lui donne tous droits sur ce couplet. Il faudrait résilier... Ça coûterait gros et ça ferait perdre la clientèle des cercles où Irma est très en vogue.

Mais la belle enfant devant la consternation

générale donne une pichenette à son gros ami.

— Alors, dit-elle, tu t'imaginais que pour une pension de cinquante louis par mois j'allais te battre la grosse caisse ? Tu ne me connais pas ! Il faut tout proportionner, mon vieux ? Augmente-moi et j'augmenterai d'autant le tirage de ton canard dans ma chanson.

Le Pesqueur s'est résigné sans doute ; car aux répétitions suivantes Irma montait successivement de deux mille à dix mille, puis vingt, puis trente, puis cinquante mille exemplaires.

Et ce crescendo a si bien marché que le jour de la répétition générale son couplet lui a déjà rapporté : un hôtel rue Rembrandt, douze chevaux dans ses écuries, villa à Dieppe et ferme en Beauce.

Aussi est-ce de très bonne volonté qu'elle chante :

> De mes brillants actionnaires
> Je fais l'orgueil et le bonheur
> Car chaque nuit en leur honneur
> Je tire à cent mille exemplaires !

Et Le Pesqueur ravi dit à qui veut l'entendre :
— C'est ça qui s'appelle *chanter* !

LES DEUX COFFRETS

Pour Alexis Lauze.

Il était huit heures du matin et Plantureau ronflait sous ses couvertures lorsque de petits coups pressés heurtèrent sa porte, et l'éveillèrent en sursaut. Avec la conscience nette d'un homme qui vient de payer son tailleur et son terme, notre ami passa quelques vêtements et ouvrit.

Deux dames entrèrent, portant des paquets et se jetèrent chacune dans un fauteuil. Elles étaient très fatiguées et leurs vêtements un peu froissés attestaient une nuit passée en chemin de fer ou quelque chose d'analogue.

De vieilles connaissances !

L'une la brune Pascala, ex-mime au nouveau-Cirque, l'autre, l'excellente Mme Pégujas, mère de la mignonne.

Après plusieurs soupirs d'allégement, Pascala narra son affaire tout d'une haleine.

— Plantureau ! Mon gros Plantureau ! Nous sommes à la côte, maman et moi ! tout à fait à la côte. Nous sommes rentrées à Paris ce matin avec un louis chacune ; et notre fiacre n'est pas payé, et nos malles sont en bas !

Plantureau appela sa concierge lui dit de régler le cocher et de ranger les bagages de ces dames.

— Comment ça ? Comment ça ! interrogea-t-il. On m'avait dit que tu étais entretenue dans les très grand prix, par un Anglais.

— Lord Bumberry... C'est justement... maman nous a coulés avec lui, par excès de zèle, en voulant trop bien faire, la pauvre chère femme ! Tiens, écoute tout : il y avait trois semaines que j'étais avec mon mylord, et ça marchait rudement, je t'en réponds ! Mais voilà qu'il lui prend l'idée de nous mener en Angleterre. Alors je réalise ma petite fortune ; je la place en bijoux et obligations de chemin de fer, de façon à pouvoir emporter le tout avec moi. Nous serrons ça dans un petit coffret que nous avions fait faire en même temps qu'un autre, tout pareil pour un de mes objets de toilette...

et c'est maman qui s'institue gardienne du dépôt.
Pendant tout le voyage, elle montre bien ostensiblement la cassette qui ne quittait pas ses genoux. Un voyage délicieux, jusqu'à Boulogne.
Là, on passe encore une bonne journée ; puis le lendemain en route pour la mer. Nous voilà sur le quai. Mylord me donne la main pour traverser la passerelle. Un matelot en fait autant pour maman. Nous passons ; et soudain, un cri terrible ! Nous nous retournons, mylord et moi. C'est maman qui a fait tomber le coffret dans l'eau. Nous sommes consternées. Mais mylord toujours galant nous rassure.

— Vous aviez vos valeurs dans ce coffret, Pascala ?

— Oui, mylord, toute notre petite fortune... quatre-vingt mille francs environ.

— Ce n'est rien.. Nous trouverons bien à Londres un coffret équivalent, et quant à ce qui était dedans, vous me permettrez de le refaire en arrivant.

— Oh ! mylord !

Je lui serre les mains. Maman les lui baise, puis elle me fait un petit signe, je comprends qu'il y avait une petite farce là-dessous.. Nous nous sourions.. tout va bien !

Mais voilà qu'un homme ruisselant d'eau vient à nous. C'est le matelot qui, témoin de l'accident, s'est jeté à la mer et a repêché le malheureux coffret. Il le remet à mylord qui se fend d'une forte récompense. Maman verdit. Je commence à mieux comprendre. Mylord veut aussitôt s'assurer que rien ne manque. Maman le supplie de n'en rien faire. Mylord agacé fait jouer le ressort.

Il ouvre ; et qu'est-ce qu'il trouve dans la boîte ? Je te le donne en cent à deviner !... « Mon injecteur ! »

Cette fois j'ai tout à fait compris ! Mais mylord aussi a compris.. Il fait sur-le-champ ouvrir nos malles ; et naturellement, dans celle de maman il trouve l'autre cassette, toute pareille à la première et qui, celle-là, contenait réellement toutes nos valeurs, bien en sûreté. Maman se trouve mal.

Moi, j'ai autant envie de rire que de pleurer.

Mylord ne me fait pas un reproche. Seulement il est tout rouge ; il prend les deux cassettes et les flanque toutes les deux à la mer. Et il roule de tels yeux que personne, cette fois, ne songe à plonger pour repêcher les objets noyés. Puis il fait redescendre nos bagages et nous ramène à terre.

Ouste ! Ouste ! A la gare !

Il fait réenregistrer nos malles, prend deux tickets de retour pour Paris, nous les donne avec un louis à chacune, nous pousse dans le train qui part, tourne le dos et disparaît sans nous saluer.

Voilà !

LA FEMME PLUS FORTE

Pour Gaston Sénéchal.

Dans l'*Hygiène des Sexes* le docteur Monin signale certains accidents se produisant dans les rapports sexuels lorsque la femme s'y fait *supérieure* à l'homme. Dans la *Grande Névrose*, le docteur Gérard cite, d'autre part, le cas d'une vierge toute palpitante qu'un onaniste prit pour en faire l'instrument de sa guérison.

Cette malheureuse, absolument passive, était dressée au rôle hideux de prostituée inconsciente. Dominée par ce monstre égoïste, la pauvre enfant dépérit de mois en mois et mourut folle. Quelle conclusion tirer de ces extrêmes ? La loi d'amour veut-elle que la femme domine ou soit dominée ?

Nous, nous pouvons conter ceci :

Rue,.. n°..., près la porte Bineau, est une petite maison bourgeoise de deux étages, mystérieuse derrière sa haute grille, ses murs surélevés au fond d'un jardin épais ; là demeurait encore, l'an dernier, un riche étranger sortant si rarement que peu de voisins le connaissaient de vue.

On connaissait davantage son domestique, Perez, un Galicien formidable. Lorsqu'un matin de l'autre hiver, appelée par une dénonciation anonyme la police fit une descente en cet asile et découvrit un cadavre, celui du maître du logis, le domestique Perez aussitôt recherché, arrêté et interrogé fit d'étranges révélations dont il put d'ailleurs fournir les preuves.

Son maître était un espagnol des colonies, Don Jo... Bal... Cet homme avait traîné à travers les continents un passé lourd de scandales et de débauches. Dans la maison de la rue....., il sequestrait depuis longtemps une orpheline de quatorze ans, une petite mulâtresse merveilleusement belle et dont il avait fait l'objet souffrant, ignorant, docile et faible de ses plus horribles expériences érotiques. Après d'effroyables excitations auxquelles se prêtait la chair tremblante de la martyre, il couronnait chaque matin son nocturne travail par une suprême étreinte durant laquelle il se faisait murmurer par l'esclave cet immuable refrain :

— Tu as tué mon père sous les coups... Tu as tué ma mère et mes jeunes sœurs sous tes caresses... tu es notre bourreau ... et je t'adore !

Mais au lieu de succomber au supplice, l'enfant semblait y puiser un surcroît de vie et de santé. L'excès des voluptés répétées minait au contraire la fantasque tyran. Chaque veille le trouvait plus avide, plus affamé; chaque matin le faisait plus veule, plus desséché, plus épilé.

La martyre était donc lâche de ne point se révolter? Quand le maître commandait maintenant il n'avait plus rien de ce qui, physiquement, soutient la tyrannie et légitime l'autorité des mâles.

Mais elle montrait toujours la même soumission douloureuse, la même passivité torturée et honteuse.

Enfin l'homme fut à bout.

Un matin, absolument épuisé, vidé, la langue tirée, les narines pincées, les oreilles bourdonnantes, pour la première fois il laissa sa proie quitte de l'habituel et cruel épilogue. Mais elle, plus câline, plus séduisante, l'appela, l'attira, le prit, l'étendit et berça jusqu'à la crise finale sa volupté moribonde de la toujours même chanson.

— Tu as tué mon père, ma mère, mes sœurs... je t'adore...

Puis, soudain, le sentant inerte, elle se redressa :

— Et je les venge !

Debout et, pour la première fois, impérieuse, elle poussait le cadavre du pied.

CARNAVAL

Pour Paul Larochelle.

A la dernière Mi-Carême, Plantureau avait dîné dans la soirée avec son ami le peintre X..... chez la baronne Diane dont l'artiste venait d'achever le portrait. On avait quitté l'aimable veuve un peu avant minuit, Plantureau gardait encore au palais toutes les saveurs d'un repas exquis, aux yeux le souvenir ébloui d'une beauté de femme vraiment incomparable.

Ayant lâché X... sur les boulevards, Plantureau doublement gris de champagne et d'amour était mélancoliquement allé se louer un classique pierrot chez Baron puis s'était fait conduire à l'Opéra.

Il s'y trouva très seul, au milieu de gens qui

ne l'intéressaient pas et de femmes qu'il jugea indignes d'effacer l'impression laissée sur ses sens par la délicieuse baronne.

Soudain un travesti vraiment joli d'allure surgit du flot banal des masques ; et, le visage complètement caché par une triple dentelle, tourna autour du bon garçon, l'accosta, l'entreprit, le fit causer.

En tout autre moment, Plantureau eût accueilli de belle humeur ces affriolantes aguiches. Mais ce soir-là, il avait décidément le vin fidèle et ne pensant qu'à Diane, il alla jusqu'à parler d'elle et rien que d'elle.

D'abord le travesti sembla ne pas comprendre puis affecta d'être piqué ; puis feignit de s'intéresser et finit par déclarer, d'une voix assez déguisée pour qu'il semblât à Plantureau l'avoir entendue quelque part, mais sans qu'il pût préciser où.

— Ta Diane ! Ta Diane ! Mais je la connais ! Alors tu crois que c'est une femme difficile ? Hé bien ! mon petit, tu serais le premier ! Tiens ! fais un pari. Donne-moi rendez-vous pour une heure et demie. Tu me trouveras dans ma voiture, rue Royale, devant « Le Thé ». Je t'apporterai la clef d'une petite porte bien connue des amis de la baronne... Je monterai avec toi... je te mènerai jusqu'à elle; et, si elle est seule, je te réponds du succès.

Plantureau suffoqué d'indignation tourna le dos à l'impudent travesti, puis, très grave, très sombre, son ivresse tout à fait tournée au noir, sortit seul du bal et rentra chez lui.

Le lendemain, les idées encore un peu brouillées, il courut chez Diane et la prévint de la trahison à laquelle elle était exposée de la part d'une amie intime ou d'une soubrette infidèle.

La petite baronne lui prit les mains, et lui rit au nez.

— Allons ! Il n'y a de traître dans tout ceci que mon champagne ! Mais, vrai ! Vous mériteriez bien de ne jamais revoir si près du vôtre un visage que vous n'avez pas su chercher sous une dentelle.

CŒUR DE MÈRE

Pour Etienne Chichet.

Lorsque la veuve Château, de la maison Château et Cie, vint s'installer avec sa fille Marguerite à la villa des Roses pour y passer la saison, la beauté de la jeune fille fit événement et ce fut un concours de présentations aux nouvelles baigneuses. Leur salon devint le foyer de réunion le plus recherché.

Parmi les plus assidus, un petit comte roumain Marco Lenesco obtint le plus rapide succès. On le vit bientôt presque posé en fiancé.

Alors seulement Mme Château prit garde. Elle s'informa, sut que Lenesco était tout à fait sans fortune et se montra très réservée, défendant à l'avenir toute intimité entre le roumain et sa fille.

Sur ce coup d'état, le petit comte décida de reprendre la chose par un autre bout.

Il séduisit et enleva Marguerite, puis revint à la charge auprès de la mère. Mais cette fois Mme Château entra dans une colère épouvantable, jura qu'elle ne reverrait jamais sa fille et en tout cas ne lui donnerait pas un sou de son vivant.

C'était la misère pour de longues années et ce n'était pas ce que cherchait Lenesco. Il tourna le dos à Marguerite ; et celle-ci trahie par son séducteur, outragée et chassée par sa mère ne sut où trouver aide et pitié.

Partie à l'aventure, son sort fut celui des abandonnées et des égarées.

Elle erra dans la vie, subissant le gré du sort vaincue d'avance et passive.

Des mois, des années passèrent. Elle connut toutes les bohèmes, voyagea, travailla, exploita, aima, fut aimée, trahit, fut trahie mille fois. Elle se réveilla au théâtre, cantatrice, acclamée par les capitules.

Là sa vie se précisa dans les splendeurs d'une existence nomade, triomphale et royale.

Un soir après un grand succès de second acte, à Vienne, elle restait sur la scène pendant un changement de tableau, lorsqu'elle entendit une coryphée, l'œil à un trou du rideau, crier à une camarade :

— Tiens !... Dans la première loge de gauche, le comte Lenesco qui vient d'entrer avec sa femme... Il paraît qu'elle lui a apporté sept millions. Mais, il fallait bien ça... Elle a au moins quinze ans de plus que lui. C'est répugnant !

Ce nom ne parlait plus au cœur de Marguerite ; mais il parlait à sa curiosité.

Depuis combien d'années restait-elle sans nouvelles de son premier amant, de son passé, de sa famille, de sa mère ?... Ce fut presque sans émotion qu'elle alla à son tour lorgner par le trou et ce fut presque sans révolte qu'elle revit, dans la loge désignée, le petit comte, raide et peu changé, offrant un siège à la comtesse sa femme.

Marguerite ne ressentit une réelle émotion que lorsqu'elle put enfin dévisager l'usurpatrice.

L'actuelle comtesse Lenesco était la propre mère de la cantatrice, la très vieille et très somptueuse Mme Château.

L'HONNEUR AUX CHAMPS

Pour Biancourt.

La famille Guibert est réputée dans tout ce coin de Bretagne pour ses mœurs patriarcales. Le père, la mère et les quatre enfants, deux fils Pierre et Julien ; deux filles, Marguerite et Catherine, plus les maris de celles-ci et leurs enfants ; en tout, une vingtaine d'êtres ; tout cela habite et fait prospérer la ferme de Klemen à trois lieues de Saint-Brieuc.

Seul, le cadet des fils, Julien, tranche un peu sur cette harmonie de simplicité, d'affections et de bontés. Elevé à la ville, il en a rapporté de vagues prétentions. Ainsi lui advint-il de séduire sans grand mérite une pauvre orpheline, Lia, employée aux travaux de la ferme, et de lui faire un enfant. Déjà il songe à s'en débarrasser lorsque la mère Guibert informée du malheur de la servante n'entend pas qu'on traite la chose à la légère. Avant son fils, Lia, était honnête. Julien l'a fait fauter. Il doit l'épouser.

Le gars qui a rêvé mieux hausse les épaules, refuse toute réparation et, fuyant une scène, réunit ses effets et quelque argent, puis quitte la ferme abandonnant Lia et son enfant.

Dès lors la mère Guibert considère la délaissée comme sa fille, et la garde avec son poupon non plus seulement à la ferme, mais dans la famille.

Julien renié par les siens ne donne plus de ses nouvelles. On le dit embarqué. Il court l'aventure.

On l'a comme oublié, lorsqu'à trois ans de là, un triste et maigre hère en haillons se présente à Klemen. On ne veut pas le reconnaître. C'est pourtant Julien.

Au retour de l'enfant prodigue, la mère Guibert n'a pas un tressaillement. Elle lui fait donner la miche et la bolée ; puis elle dit :

— Ta place est prise ici. Si tu veux rester, faut t'en refaire une autre, André le bouvier a épousé Lia et a adopté le petit. Il garde ta femme et ton enfant à notre foyer... Tu n'as plus qu'à aller garder nos vaches à sa place.

GENTLEMAN

Pour Gabriel Vicaire.

Mlle Laurence de Fanebois, jolie blonde, orpheline, héritière d'un grand nom mais de rentes petites, est reçue dans les très bonnes maisons, à cause de son très beau talent de pianiste qu'on utilise les jours de réceptions intimes.

Beaucoup de jeunes hommes sont passés près d'elle, avec des demi-mots flatteurs, mais devant l'absence de dot, pas un n'a insisté.

Pas un ? Pardon !

La première fois que le prince de Campoleone fut amené chez les de P... par un ami de cercle, il se montra visiblement frappé par les grâces de Laurence. Le prince avait bel air, beau nom ; et bien qu'il ne fût garanti que par des présentations fortuites et banales, on voyait en lui le gentleman racé, le mondain né qui prendrait pied tout de suite.

Il y avait, par exception, beaucoup de monde à la réception des de P... La conversation n'était pas générale et l'on pouvait s'isoler. Campoleone manœuvra donc de façon à rester très près de Laurence, tout le temps, et à lui tenir presque exclusivement compagnie.

Le cœur de la jeune fille battait bien fort. Cette fois elle se sentait pour la première fois serrée de près, et avec une insistance à laquelle on ne l'avait pas habituée. Campoleone lui parlait, à elle seule, et n'avait d'esprit que pour elle. Jamais un homme ne l'avait aussi franchement enveloppée d'une attention aussi persévérante.

Et quel homme, celui-là !... Un prince de très vieille maison, joli homme, fin, de parfaite élégance.

On pria Laurence de se mettre au piano. Elle y perla quelques tendresses de Chopin ; et quand elle eut fini, spontanément, Campoleone se leva et vint lui offrir la main pour la ramener à son coin de canapé. Il s'affichait; et Mlle de Fanebois en était toute rose sous les yeux déjà malins de quelques dames psychologues.

Quand la réception fut terminée et quand, couple par couple, groupe par groupe, les invités se retirèrent, Laurence retrouva Campoleone sur le perron, dans la cour de l'hôtel. Il lui demanda en quels salons il devrait se faire présenter pour la revoir, s'inquiétant qu'elle rentrât seule si tard et probablement si loin, lui faisant avancer le modeste fiacre retenu pour elle qui stationnait, l'aidant à s'y installer, à s'engoncer dans ses fourrures, fermant lui-même la portière et, l'adresse donnée au cocher, se retirant avec un salut profond où il mettait tous les hommages d'un cœur à jamais conquis.

Seule dans la voiture, Laurence se remémorant tous les détails brûlants de cette soirée unique en sa vie, défaillait d'ivresse. Elle le reverrait. Bientôt il se déclarerait tout à fait. Elle serait princesse.

Le réveil fut amer.

Devant sa porte quand il fallut descendre et payer le cocher, Mlle de Fanebois s'aperçut que sa bourse avait disparu, sa bourse qui était sur ses genoux au moment où le prince arrangeait ses fourrures, son humble bourse de fille pauvre contenant cinquante-sept francs, or et argent, plus trente-cinq centimes et une petite médaille de sainte Catherine.

LES
VACANCES DE MADAME DULCINET

―――

Pour Georges Auriol.

Sur la lecture des articles signés Arsène Prengard dans un petit journal de modes, Virginie Dulcinet, femme d'un voyageur de commerce, s'était prise d'un violent amour pour ce chroniqueur prestigieux.

Elle s'était enquise de son adresse au bureau de rédaction et on la lui avait donnée : « M. Arsène Prengard, chez M. Copeteau, avenue de La Bourdonnais, 114 *bis*. » Ainsi documentée, elle rôda dans le quartier des Invalides, et recueillit des informations plus précises.

M. Copeteau, d'après les renseignements,

était un petit rentier, marié avec une femme de dix ans plus âgée que lui.

Seulement quand Virginie voulut savoir quel était ce M. Prengard qui demeurait chez ces Copeteau, on ne sut que lui répondre.

Il y avait un mystère.

Pour l'éclaircir, Mme Dulcinet eut l'étonnante idée de demander en outre si les Copeteau n'auraient pas, par hasard, besoin d'une bonne. Et cette fois, elle eut la satisfaction d'apprendre que, munis seulement d'une cuisinière, ils cherchaient une femme de chambre.

Ce serait une entrée possible dans cette maison, habitée par le mystérieux Arsène.

Précisément ces événements coïncidaient avec le départ de Dulcinet pour une grande tournée d'affaires à travers l'Europe et qui durerait trois mois. Ces longues vacances laisseraient à la romanesque épouse tout le temps de faire aboutir l'intrigue rêvée. Sitôt son mari embarqué, elle se fit présenter aux Copeteau par un bureau de placement. Peu exigeante sur les appointements, elle fut vite agréée, sous son petit nom, Virginie.

Mais que d'épreuves !

D'abord, pas l'ombre d'un Arsène Prengard dans la maison ! L'aurait-on trompée aux bureaux du journal ? Mais non !... Des lettres, des imprimés arrivaient presque chaque jour, portant l'adresse du chroniqueur. Mme Copeteau s'en emparait et tantôt les ouvrait elle-même, tantôt les serrait dans le tiroir d'un petit bureau près de son lit.

Sans doute Arsène Prengard ne demeurait pas chez ses amis Copeteau. Il recevait seulement son courrier chez eux. Mais alors il devait venir de temps en temps ; un peu de patience, et elle le verrait !

Le service était agréable. Madame très douce, pas exigeante...

Mais monsieur !... Ah !... monsieur, un gaillard jeune encore, solide, trapu, sanguin, l'œil vif et la main prompte. Dès la première inspection il avait jugé Virginie mûre mais appétissante et n'avait pas tardé à lui donner de vigoureux témoignages d'une sympathie ancillaire contre laquelle aucune rébellion n'était possible.

Or dans l'embarras de cette complication imprévue, et en attendant la visite du trop tardif Arsène, Mme Dulcinet aurait goûté d'agréables compensations s'il n'avait fallu compter avec la cuisinière, Agathe.

Celle-ci, brusquement dépossédée des faveurs du patron par l'intruse avait flambé de fureurs jalouses et résolu de cruelles représailles.

Un jour, Mme Copeteau s'aperçut qu'un lot d'obligations serrées par elle dans un coin d'armoire avait disparu. Fouillant aussitôt les effets des domestiques, elle découvrit les titres soustraits dans la malle de Virginie. La bonne dame se retint de porter plainte, mais fit subir à la femme de chambre un dur interrogatoire.

C'en était trop.

L'infortunée Mme Dulcinet se jeta aux pieds de la digne bourgeoise et lui fit toute sa confession. Elle raconta son amour littéraire pour le mystérieux Arsène Prengard, ses négociations avec le bureau de placement son espoir vain de rencontrer un jour le brillant boulevardier pour lequel elle avait noué à sa taille le tablier blanc des soubrettes, etc. La seule chose dont elle ne se vanta pas, ce fut la série de ses complaisances forcées pour M. Copeteau.

La généreuse patronne accueillit ces confidences avec un bienveillant mais énigmatique sourire et assura l'infortunée de toute sa clémence. Puis, discrètement elle vérifia l'authenticité des faits, s'assura que l'exaltée Mme Dulcinet ne pouvait être une vulgaire voleuse d'obligations, porta ses soupçons sur la misérable Agathe à laquelle elle arracha l'aveu de sa rancune et de sa vengeance. C'était bien la cuisinière qui avait dérobé les actions pour les cacher traîtreusement dans le bagage de la femme de chambre. Agathe fut renvoyée, sans plus d'explication.

— Et maintenant, dit Mme Copeteau dénouant elle-même le tablier de Virginie et la faisant asseoir à ses côtés sur une chaise longue dans sa chambre, où elles restaient seules, enfermées ; et maintenant, laissez-moi vous dire. Nous ne sommes pas très riches, mon mari et moi ; pour grossir le budget de la maison, j'écris dans des journaux de mode sous divers pseudonymes... Et, votre cher Arsène Prengard, c'est tout simplement... moi !...

Elle prit les poignets de Virginie. Toutes deux étaient très émues. Les mains de Mme Copeteau se faisaient douces, souples, insinuantes. Bien qu'elle comptât plus de cinquante ans, elle avait un petit air tout drôle avec ses cheveux courts, son haut col droit, ses vêtements tailleur; oui, un petit air bizarre que Virginie ne lui avait jamais remarqué et qu'elle commençait seulement à définir, impressionnée par la tiédeur énervante d'un contact persistant.

FAIRE UNE FIN

Pour Papus.

Lorsque deux mois auparavant l'oncle Bardin, pour le règlement d'une affaire de famille, était venu relancer son neveu Eloi Boutemal dans son garni d'étudiant et qu'il s'était trouvé en présence de ce petit spectre de vingt-deux ans, pâle, maigre, frêle à tomber sous un souffle, lorsqu'il avait vu ce corps d'ex-joli garçon fondu, brûlé, brisé, raboté par les débauches précoces et le noctambulisme excessif, le bonhomme s'était récrié :

— Ta pauvre mère m'a fait jurer que la main de ma fille serait pour toi !... Hé bien ! mon gaillard, regarde-toi dans la glace ! Et si tu te sens le toupet de songer à mon Odile, tu verras comme je te recevrai !

Cela tombait mal. Eloi Boutemal, se sentant délabré, esquinté, à bout de ressor, aspirait précisément à faire une fin et n'avait jamais tant songé que maintenant à la cousine Odile et aux joies d'une retraite en famille.

Il répondit à son oncle par un haussement d'épaules, le laissa repartir, attendit que quelques semaines se fussent passées, puis tranquillement, comme s'il eût tout oublié, vint voir si son terrible oncle exécuterait sa menace.

A son apparition, l'oncle Bardin, plus féroce que jamais, brandit sa canne et dit à sa fille :

— Odile, tu vois ton cousin Eloi ?

— Oui, papa !...

— C'est un polisson !

— Ah !...

— Tu ne l'épouseras pas !

— Bien papa !...

Et l'oncle avait montré la porte ; et le triste Eloi s'en était allé.

Il se disposait à entrer dans le premier café venu pour s'ouvrir une série de consolations, lorsqu'il s'entendit appeler par son nom. On courait après lui : des cheveux blonds, abondants, gaîment frisottants, une peau de satin blanc, un corsage rebondi, des yeux vifs, en bonnet de linge et tablier blanc, une petite valise à la main, c'était Julia, la femme de chambre de la cousine Odile.

Elle prit Eloi par le bras et l'attira à part :

— Ecoutez, monsieur! puisque votre oncle ne veut pas de vous pour gendre, vous allez retourner en garçon au quartier Latin? Moi, je meurs d'envie de voir ça, le quartier Latin... Ça m'embête de travailler chez des bourgeois... Voulez-vous m'emmener ?

Le marché fut vite conclu et le soir même Julia trônait sans bonnet de linge et sans tablier aux côtés du jeune Boutemal, dans les principales brasseries de la rive gauche.

D'abord ce fut charmant. La petite s'émerveillait de vivre si facilement. Mais dès la première fin de trimestre, aux premiers symptômes de dèche elle s'émut. On mettait des choses au mont-de-piété. On mangeait à l'œil dans des gargotes sales ; on faisait des comptes de soucoupes dans les cafés; puis tout crédit fut suspendu. On ne buvait plus, on ne mangeait plus, on ne sortait plus de la petite chambre où il faisait sombre et froid.

Julia fit la mine et devint grincheuse.

— C'est donc ça, ton quartier Latin?... Ah !

quand j'étais chez ton oncle Bardin ! Mes trois repas par jour ; le café au lait le matin !... Tu sais, je regrette !...

Eloi ripostait des choses aigres. Ça se gâtait.

Or Julia, coupant court à une de ces scènes, était partie une après-midi, seule, pour entendre la musique au Luxembourg, lorsque son amant reçut la visite inopinée de M. Bardin.

— Mon oncle !...

— Mon neveu !... je serai bref !... Tu m'as deux fois brisé le cœur la première en te rendant indigne de mon Odile... la seconde, en m'enlevant Julia, ma petite bonne ?... Ne proteste pas ! je sais tout !...

— Mais, mon oncle, je vous dois mille excuses... J'ignorais absolument que Julia...

— Tais-toi !... C'est honteux pour un vieillard, mais c'est comme cela !

— Vous voyez, mon oncle, je pourrais me venger. Julia m'aime et ne demande qu'à faire mon bonheur... Mais je suis bon... je vous la rendrai si...

— Si ?

— Si vous me laissez épouser Odile !

— Ma fille à toi, gredin ?... Mais songe que c'est un ange et que ton contact seul... Non !...

tout ce que tu voudras... mais pas ça ! Je te paierai tes dettes, je...

— Allons donc !... Allons donc !... Demain, mon oncle, j'irai vous redemander la main d'Odile, et nous verrons !

La nuit porta conseil, car le lendemain quand Eloi se présenta, l'oncle Bardin, très ému, manda sa fille :

— Odile, tu vois ton cousin Eloi ?
— Oui, papa !
— C'est un charmant garçon !
— Ah !
— Tu l'épouseras !
— Oui, papa !

Et c'est ainsi qu'Eloi fit une fin. Il a épousé Odile. Julia est rentrée chez Bardin. Ils demeurent tous ensemble.

Ce qu'ils sont heureux !

LA FEMME SANS TÊTE

Pour Pierre Hafner.

Elle l'aimait en chienne soumise et ne lui demandait que de l'aimer.

Elle avait un fond de nature honnête et candide, une pure et ferme conscience dont cet homme lui avait appris lentement à faire bon marché.

Née pour vivre dans la pratique rigoureuse des plus hautes vertus dans quelque noble union avec un être qui l'eût value, la fatalité avait lié sa destinée à celle de ce misérable, chargé de crimes honteux et prêt à tout.

Et jamais ce qui l'eût révoltée et remplie d'horreur, venant d'un autre, jamais ses plus vils et ses plus lâches attentats n'avaient ébranlé la constance de sa dévotion.

Il lui disait tout, la prenait, comme à plaisir, pour confidente de choses qu'elle eût toujours voulu ignorer, sans doute pour se l'attacher par des liens plus forts que ceux de la complicité : ceux du secret confié.

Il l'aimait, d'ailleurs ; elle le savait bien à elle et ne lui demandait rien de mieux.

Après une suite de hauts et de bas, ils se trouvèrent brusquement très pauvres, avec, chez cet homme de proie, une sorte de définitive lassitude qui le rendait impropre à de nouveaux efforts, incapable de répéter quelqu'un de ces anciens forfaits, de ces coups audacieux dont la réussite les avait si souvent refaits riches et brillants.

Et elle sentait maintenant une vraie tristesse à le voir, lâche et veule, s'avachir dans leur misère.

Elle se souvint qu'elle était belle, que des hommes avaient tourné autour de sa peau, et que l'or sonnait en leurs poches.

Enfin, pour la première fois, elle eut l'idée de se vendre.

Ce ne fut qu'un éclair de tentation. Mais elle se souvint aussi qu'elle aimait et qu'elle ne pouvait disposer de ses trésors charnels. Elle se méprisa d'avoir ainsi péché contre son cœur ; elle se détesta; elle se maudit, et, pour se punir, elle acheta de l'acide sulfurique, s'en jeta au visage et resta défigurée.

Quand elle se confessa à son amant, il demeura anéanti devant cette grandeur d'amour. Il tomba à ses genoux et sanglotant, suppliant, lui cria :

— Pardonne-moi !... Pardonne-moi !... De tous mes crimes, un seul m'apparaît digne que j'en rougisse... Une fois, entends-tu, une fois... je t'ai trompée !

Trompée !

Elle devint folle. Trompée ?... Il n'était, de cet instant, plus rien pour elle, malgré la noblesse de l'aveu, la profondeur du repentir, la sincérité des larmes.

Trompée ?

Elle ne l'écouta pas supplier, protester, expliquer. Elle le repoussa, s'habilla et sortit.

Elle courait dans la nuit, par les rues, s'offrant aux passants pour cinq francs, pour vingt sous, pour rien ! Et les passants riaient aux offres de la défigurée ou se détournaient, épouvantés par l'apparition sinistre de cette face rongée. Des heures, des heures, elle vagua ainsi. Et la première pâleur d'aurore la trouva boueuse, ignoble, sur un banc de boulevard lointain. L'avenir était désormais pour elle nul et vide ; et devant ce néant, il ne lui restait pas même à se tuer. Car elle ne voulait pas que l'autre pût se dire :

— Elle est morte pour moi !

Et pourtant elle avait une souffrance à venger !... Oh ! Ne pouvoir espérer avec son visage d'épouvante que quelque autre homme la désirât jamais !

A cette heure matinale le boulevard était désert.

Quel surcroît de folie s'était emparé d'elle ?

Elle venait de se réfugier sous un édicule, de se dépouiller de ses vêtements et de les jeter en tas à l'égout.

Blottie de nouveau, tapie dans son encoignure, les yeux fixes, nue, en plein air, hagarde, les cheveux flottants, elle attendait. . quoi ?

Le premier rayon d'aube s'élargissait en clartés épanouies.

Enfin le silence morne qui pesait encore sur les choses avant leur éveil fut rompu par un premier grondement faible d'abord, mais qui se rapprochait et grossissait.

C'était le roulement de quelque gros fourgon secoué au galop sous le fouet d'un charretier pressé.

La femme se dressa anxieuse, écoutant, tendant ses muscles pour bondir. Etait-ce donc cela qu'elle attendait ?

Elle semblait fascinée, attirée par cette approche rapide

Quand la voiture — une lourde charrette de laitier — fut tout près, la femme, jaillissant de sa retraite, s'élança sur la chaussée et, le front en avant, se précipita à terre. La première roue coupa la tête; la seconde l'écrasa.

Et tandis que le charretier effrayé par la possibilité d'un procès-verbal redoublait du fouet et disparaissait au premier tournant, la morte sans tête restait en pleine chaussée, roulée, retournée sur le dos, réservant au regard du premier goujat qui passerait la splendeur de son beau corps sans voile.

Toute sa vengeance d'amante trahie reposait sur le premier regard qui souillerait d'un éclair de désir profane et macabre ce tronc de Vénus décapitée, ainsi prostitué.

MÉSALLIANCE

Pour Oscar Méténier.

Le sculpteur Trielles est mort léguant à ses enfants, Henri et Jeanne, quelque gloire mais nul argent. Henri a laissé de côté quelques rêves d'ambition personnelle et s'est bravement mis aux besognes pour gagner le pain et l'éducation de sa sœur. Il donne des leçons de dessin et fait « de la pratique » chez les statuaires riches. Un hasard lui fait rencontrer un ancien camarade de collège, le comte Fabien de Morsy. Celui-ci s'intéresse à l'ami d'enfance courageux et pauvre. Il lui fait obtenir des commandes de bustes, celui même de sa sœur, Mlle Andrée de Morsy.

Henri se passionne pour la beauté d'Andrée. Celle-ci se devine ardemment désirée par cette aspiration d'artiste. Elle y répond par un très pur amour. Fabien est leur confident. Il se résout à présenter Georges à Mme de Morsy mère et à appuyer la demande que Henri se décide à faire.

La douairière leur rit au nez et fait presque jeter dehors ce sculpteur romanesque et mal conseillé.

Déchu de son rêve, Henri se voue plus que jamais à sa sœur Jeanne.

Elle, au moins, il aura le temps de la faire riche, et libre d'être épousée par celui qu'elle aimera, quand elle aimera. Des mois s'écoulent ainsi.

Un soir, Henri a mené Jeanne à l'Opéra. C'est jour d'abonnement et les loges sont admirablement garnies. Tout de suite, Henri a revu Andrée, près de sa mère, parmi tous les siens, dans sa loge, Andrée qui ne s'est mariée, Andrée qui ne se mariera pas et dont le premier regard lui a répété :

— Ma pensée est toujours à vous !

A la sortie, Henri, entraînant Jeanne, est allé se poster dans le vestibule pour se trouver au moins sur le passage de l'aimée.

Andrée paraît très pâle, au bras de Fabien.

Derrière marche la vieille comtesse, les yeux au plafond, ne soupçonnant rien.

A deux pas d'Henri et de Jeanne, Andrée s'arrête net.

Elle tient à la main un gros bouquet de roses blanches.

Fabien a un pressentiment et veut retenir sa sœur. Mais Andrée se dégage.

Elle lève son bouquet de roses vers le visage d'Henri, et le jeune homme s'incline et baise passionnément les fleurs.

La scène a eu cent témoins de leur monde. Le scandale est flagrant. La comtesse mère est évanouie. Un duel est inévitable et des cartes sont échangées sur place entre Henri et Fabien.

Le lendemain, ils se battent. Henri est mortellement blessé. Fabien désespéré a passé la nuit au chevet de l'ami qui meurt de sa main. Il l'a veillé avec Jeanne. Andrée est entrée dès le matin même au couvent.

Henri est mort, Fabien revient chez sa mère.

— Madame, lui dit-il, par votre volonté j'ai tué le frère de Mlle Jeanne Trielles et j'ai enlevé à cette jeune fille orpheline le seul soutien qu'elle eût au monde. Je suis résolu à l'épouser. M'épargnerez-vous les sommations de rigueur.

La comtesse réfléchit, puis prononça gravement :

— Non !... pas de sommations !... Faites ce que vous croyez votre devoir, mon fils... Mésalliance pour mésalliance, j'accepte la vôtre, car vous l'avez légitimée par un sentiment moins dégradant que les vulgarités d'un préjugé d'amour.

OU COUCHER AGATHE ?

Pour Georges de Dubor.

Lorsqu'il s'était séparé de sa femme, Plantureau avait pris immédiatement à domicile et comme bonne à tout faire — pour parer, disait-il, *au plus pressé* — une ample flamande nommée Agathe, blonde, blanche et rose, dure et ferme au service.

Mme Plantureau avait judicieusement constaté que, né de la belle manière, comptant pour peu les soucis de la vie et n'ayant jamais, comme Clairette Angot, « *Su distinguer le mal du bien* », son mari n'était nullement fait pour la pratique quotidienne des vertus conjugales et ne saurait jamais se comporter en bon mari, au sens plat du mot. Cela ne lui ôtait d'ailleurs pas une once de son estime pour le bon garçon. En le quittant elle n'avait fait que rompre un mariage qui n'aurait jamais dû en être un. C'était pour chacun la liberté reconquise, mais ce n'était pas l'affection à jamais détruite.

Elle goûtait fort au contraire cette robuste carrure, cette gaillarde humeur et cette magnifique insouciance. Retirée chez ses parents, revivant la sombre vie de province parmi de graves et secs personnages. Madame regretta vite Monsieur.

Elle lui écrivit.

Plantureau ne répondit pas.

Dans sa paresse, quand il recevait un courrier un peu fort, il décachetait trois lettres sur six, en lisait deux sur trois et répondait — pas toujours — à une sur deux. La malchance de Madame voulut que sa missive fut restée parmi les non-décachetées.

Son désir se ralluma d'autant mieux qu'elle se croyait plus formellement dédaignée.

Elle prévint tout juste papa et maman, plia bagages et revint droit à Paris.

Le lendemain à cinq heures, un fiacre la déposait devant son ex-maison. Précisément son ex-mari sortait de chez lui. Ils se trouvèrent nez à nez sur le trottoir.

— Louise ?... C'est vous ?... C'est toi ?

— Hé bien, oui, c'est moi !... Il y a trop longtemps que je ne t'ai vu... me voici... vas-tu me renvoyer ?

Plantureau l'embrassa. Ils allèrent dîner ensemble. Ce fut une reprise charmante.

— Alors, tu me jures que tu m'as regrettée ? Je me suis renseignée. On m'a dit que tu ne sortais plus, qu'on ne te voyait plus nulle part. Alors pourquoi ne m'as-tu pas fait savoir que tu ne m'oubliais pas ? L'amour-propre, hein ?

Plantureau, toujours débonnaire, laissait dire, se laissait faire.

Ils rentrèrent.

Pressée, frissonnante, Louise entraînait son Plantureau vers la chère chambre d'autrefois.

Or, la cuisinière Agathe était assise là, dans un fauteuil, près de la cheminée, attendant son maître, lisant un feuilleton, en peignoir, les manches retroussées sur ses forts bras blancs, et sa grosse gorge à l'aise hors du corsage déboutonné.

— Oh ! Jean ! se récria Louise suffoquée... cette fille dans votre chambre... dans notre chambre !

Plantureau se gratta le front.

— Mais fichtre tu as raison ! C'est que je n'ai pas trente-six lits. Maintenant que tu es revenue, où diable vais-je coucher Agathe ?

VŒU SUPRÊME

Pour Amédée Pigeon.

C'était un homme jeune encore, riche et décoré.

Elle était orpheline et institutrice.

Il l'avait aimée. Elle lui avait tenu la dragée haute. Il l'avait épousée.

Six mois après elle prenait pour ami un apprenti horloger, neveu de la concierge de leur maison.

L'apprenti, de ce moment, cessa d'apprendre son métier pour en exercer un autre, plus lucratif.

Auguste vivait en fils de famille sur les subsides que lui passait quotidiennement son amie.

L'homme jeune encore, riche et décoré, souffrit beaucoup des indifférences longues et inexpliquées de sa compagne jusqu'au jour où il souffrit davantage encore en apprenant qu'elle avait filé, lui emportant une assez forte somme.

Madame voyageait avec Auguste.

Ce ne fut qu'un scandale de quartier; car le mari ne porta pas plainte et se contenta de déménager

Les deux amants dévorèrent rapidement leur magot, puis menèrent une assez répugnante existence dans un faubourg où ils s'étaient retirés.

Auguste était sans préjugés.

Il exploita la misérable jusqu'à ce qu'elle n'eût que la peau sur les os et rien de plus dont on pût trafiquer.

Le mari vivait tout seul, tout triste, en veuf.

Il apprit fortuitement où était tombée cette malheureuse.

Il en eut pitié, l'alla reprendre, la recueillit décharnée, condamnée, à bout de tout. Il la soigna, fut un ange de charité et, s'il ne put la sauver, lui assura du moins une douce fin d'existence.

Touchée, elle le remerciait de toutes les larmes de son cœur...

Cela traîna dix-huit mois.

Malgré tant de bons soins, une crise plus aiguë triompha de cette frêle vie épuisée.

Le mari, la perdant au moment où la pauvre femme semblait toute rendue à lui par ardente reconnaissance, se sentait pris d'un profond désespoir plus cruel que ses souffrances d'autrefois.

A son chevet, sanglotant, s'arrachant barbe et cheveux, il la voyait se tordre dans la lutte suprême.

Soudain elle eut un raidissement et parla.

— Envoie chercher...

— Le docteur? Un prêtre?...

— Non! Non! Ecoute; je t'aime bien, je suis heureuse de mourir près de toi. Et pour que je m'en aille dans un doux rêve, tiens-moi la main, reste-là jusqu'à la fin... Mais ce qu'il me faut encore... c'est que ce soit Auguste qui me ferme les yeux!

MAUVAISE SOIRÉE

Pour Jean Blaise.

Le beau Pallières ne sait pas garder devant un sourcil froncé de mari jaloux la vaillance et l'aplomb que ces dames lui reconnaissent en d'autres circonstances.

Cet automne, il avait eu les faveurs d'une jeune russe, Mme Christine Treveroff dont le mari officier de cosaques passait six mois de l'année auprès de sa femme, à Paris, et les six autres mois, sous l'uniforme, dans le Caucase.

Dans un entraînement de gaie nuitée, Pallières avait offert à sa maîtresse son portrait en lieutenant de territoriale avec ces mots dédicatoires :

« *A celle que j'aime.*

« UN COSAQUE DE LA SEINE »

Imprudente, Mme Christine sourit et glissa la photographie dans son album, parmi d'autres.

Quelques semaines après, survint le mari, le vrai cosaque.

Mme Christine lui présenta Pallières comme habitué de ses jours de réception.

Le lendemain, le mari sans soupçon, la femme et l'amant dînaient ensemble.

Puis, comme on était revenu prendre le thé au salon, M. Treveroff avisa sur un guéridon l'album de sa femme et le feuilleta.

Les amants eurent un frisson qui redoubla lorsqu'ils virent Treveroff s'arrêter et s'écrier, fixant le doigt sur une page ;

— Hé mais ! C'est vous, monsieur de Pallières ! Compliments ! Vous avez bonne mine sous l'uniforme. Mais chez qui vous êtes-vous donc fait tirer ? Ce n'est pas une photographie parisienne, cela ?

Et il fit glisser le portrait-carte pour lire le nom du photographe, au verso.

Les deux amants se regardèrent, songeant à la malencontreuse dédicace.

Mais Mme Christine se raidit, prête à tout, ne broncha pas, tandis que Pallières atterré, rouge, balbutiant, se levait, les jambes flageollantes.

Trouble inutile.

L'adresse du photographe était tout simplement au bas du portrait ; et le mari n'ayant pas eu à regarder au verso repoussait le carton dans son cadre.

— C'est ce que je pensais, dit-il simplement, vous vous étiez fait tirer dans votre ville de garnison... Ces clicheurs de province, ils ne sauront donc jamais réussir une retouche.

Mais Mme Christine, indignée de la lâche défaillance de Pallières se leva, prit l'album, retira le portrait-carte et le jeta à son mari.

— Tenez ! mon cher... regardez ce que M. de Pallières a eu l'impudence de m'écrire. J'ai conservé cet homme à ma table et sa photographie dans mon album jusqu'à votre retour pour que vous puissiez vous-même juger et punir l'injure.

Il fallut bien se battre ; et Pallières attrapait le lendemain un joli coup de fleuret dans l'aine.

FIN D'ANNÉE

Pour Charles Clairville.

M. et Mme Dorgand ont conçu l'énergique projet de faire, par un franc et solide mariage, le bonheur de leur fille Lucienne et de leur neveu César.

Lucienne, vierge mystique et farouche, professe l'horreur et le mépris des hommes.

César, joyeux garçon, ne songe qu'à mener le plus tard possible sa libre et bonne vie de célibataire fêtard.

Les Dorgand estimant qu'il fallait brusquer les choses conçurent un plan digne de nos plus adroits vaudevillistes.

On était au trente et un décembre.

César était venu très correctemeut porter

quelques étrennes et souhaiter la bonne année à sa tante et à sa cousine.

On le reçut au salon.

Puis sous un prétexte quelconque, M. et Mme Dorgand se retirèrent laissant les deux jeunes gens en tête à tête.

La conversation ne pouvait être très animée... César attendit une demi-heure, trois quarts d'heure, le retour de sa tante ; puis ne la voyant pas reparaître, se leva, pria sa cousine de l'excuser... Il avait un rendez-vous... Il était obligé de se retirer.

Mais ce fut en vain qu'il tourna et retourna le bouton de la porte. La serrure était fermée à double tour, au dehors.

— Une distraction de maman, pensa Lucienne.

César dut attendre sa délivrance...

. . . .

Or, deux heures après seulement, M. et Mme Dorgand se décidèrent à retourner au salon.

Sur le seuil ils échangèrent un rapide sourire de complicité.

Puis Mme Dorgand joua la surprise devant les résistances de la porte.

Elle cria ;

— Ah çà ! mais vous vous êtes donc enfermés ?

— Mais non, mère ! répliqua la seule voix de Lucienne... C'est toi qui as donné un double tour en t'en allant...

— Allons bon ! Je n'en fais jamais d'autres. Tout de même vous auriez dû appeler...

Mais la voix de Lucienne singulière, comme étouffée par un sanglot, reprit :

— Ouvre vite, mère ! Viens vite !

Les Dorgand entrèrent.

Sur le tapis, ensanglanté, César gisait sans vie un stylet fiché dans la poitrine

Lucienne retirée au fond du salon, hagarde, expliquait en pleurant et tordant ses mains.

— C'est lui ! C'est lui ! Il m'a pris les mains... Il a été brusque !... Il a voulu me renverser... Ses yeux étaient méchants... Je me suis crue perdue !... J'ai arraché cette arme à la panoplie... Je me suis défendue... Il est mort !...

Et elle s'affaissa.

— Malheureuse !... rugit M. Dorgand, les bras au ciel...

— Imbécile !... râla Mme Dorgand, crispant les poings.

LE SUICIDE DE TRISTAN

Pour Jules Huret.

Tout ce que Tristan demandait à la mort, lorsqu'il songeait à elle, c'était de bien choisir son heure et de ne pas traîner en l'emportant.

Lorsqu'il se tua, ce fut parce qu'au moment précis où il jugea qu'il serait opportun pour lui d'en finir, la mort ne vint pas d'elle-même. Il alla donc à elle.

On sait quelle noble existence avait été la sienne. Après avoir élégamment dévoré son patrimoine, se refusant à tout travail intellectuel ou manuel, haïssant toute propriété et s'étant juré de n'avoir jamais rien à lui, vivant sur la femme d'autrui, la table d'autrui et la réputation d'autrui, riche quand ses amis étaient

riches, se passant de femme quand ses amis
n'en avaient pas, modeste quand ses amis n'étaient pas célèbres, c'était « l'ami » par excellence, le parfait altruiste.

Il n'avait fait d'autre mal, ni d'autre bien à
autrui que de partager son mal ou son bien,
sans pose comme sans remords, par conscience
des lois de nature interprétées selon son instinct
moral.

Or, au milieu d'une des plus fortes crises de
misère qu'il eût jamais traversées, il venait
d'être avisé que le frère de son père, décédé
aux Indes, lui laissait quatre millions.

Cette nouvelle l'avait surpris auprès de la
grosse Marthe, maîtresse attitrée du baron de
Champré, et juste au moment où l'aimable fille
racontait combien elle était ennuyée.

Champré, à peu près ruiné et fortuitement
avisé qu'elle le trompait avec Tristan, projetait
de saisir ce prétexte pour rompre.

Tristan, riche désormais, songea d'abord aux
magnifiques dédommagements qu'il allait pouvoir offrir. En une seconde, sa philosophie
avait fait volte-face.

Il débarrasserait Champré de la coûteuse
Marthe; il garderait celle-ci. Elle lui monterait

une maison où il serait enfin chez lui, avec maîtresse à lui, bourse à lui, table à lui.

Et c'est quand il eut nettement envisagé la possibilité de cet avenir réparateur qu'il fit le suprême retour sur lui-même.

Non! Il ne serait pas réduit à cette sottise de devenir un possesseur... A d'autres ce souci imbécile et vain.

Et puisque tout concourait dans le présent à lui faire renier sa règle de vie antérieure, si sage et si saine, c'était le moment de quitter cette vie.

Il avisa, dans les formes, le notaire chargé de la succession, qu'il reportait tous ses droits à l'héritage des quatre millions sur la tête de son amie, « Mme Marthe X..., rue... n°..., à Paris ».

Les choses bien réglées, il se tint parole en empruntant le revolver d'un ami et en faisant sauter la seule chose qui lui restât en propre : sa cervelle.

C'est ainsi que Marthe ne fut pas abandonnée par le baron.

Au contraire elle devint, à la longue, baronne; et le blason des Champré fut convenablement redoré.

L'HONNEUR DU NOM

Pour le docteur Paul Robin.

Pierre de Sefern avait été dans son enfance complètement négligé par le duc son noble père et même par l'aimable duchesse, sa mère. De pensionnat en pensionnat, il avait grandi librement. Belle nature intelligente et droite, il n'avait usé de cette liberté que pour se faire une éducation toute personnelle.

Epris de philosophie, il se montrait dès la dix-huitième année, un fervent des théories contemporaines, comptant pour peu les préjugés d'aristocratie et de fortune.

Au quartier Latin, il était des premiers à prôner le communisme, l'union libre et les généreuses conceptions des maîtres les plus hardis de la sociologie moderne. A vingt-quatre ans, la mort de son père le fit chef de famille et le rappela auprès de sa mère. Celle-ci eut un long entretien avec lui, jugea son état d'esprit et, loin de l'attaquer brutalement, usa de finesse et de diplomatie pour l'amener à une tenue plus conforme à son rang. Cela demanda quelque temps. Mais la duchesse était l'habileté même : Pierre finit par capituler et se laisser convaincre, abdiquant *pour l'honneur d'un nom dont il était gardien et responsable*, les belles théories de sa jeunesse toute de générosité et d'indépendance.

L'année suivante, lui, le libertaire militant, était candidat conservateur dans un coin de province féodale qui de père en fils avait toujours envoyé le chef de la famille des Sefern siéger à l'extrême droite du Parlement.

Ayant accepté ce mandat, honnête, il s'y résigna et employa tout son talent à défendre *pour l'honneur du nom* les misérables institutions et les principes abusifs que son cœur réprouvait et que sa conscience avait toujours combattus.

Un autre coup fut porté à ses sentiments.

Des pertes en Bourse avaient à ce point compromis la fortune patrimoniale qu'elle menaçait d'être bientôt réduite à presque rien.

La duchesse fit encore comprendre à Pierre qu'il était d'usage dans leur monde de redorer par un trafic matrimonial les blasons déconfits.

Au lieu d'une belle et sainte fiancée qu'il s'était rêvée, Pierre dut épouser l'affreuse héritière d'un horrible banquier levantin, grotesque et taré, mais presque milliardaire.

Cette infâme alliance à peine conclue, Pierre perdit sa mère.

A peine était-elle morte, cette femme qui avait ruiné, anéanti toutes les aspirations d'un être d'élite, *pour l'honneur du nom*, que Pierre, en visitant des papiers de famille, apprit par de vieilles lettres un secret douloureux.

Il était né avant le mariage du duc et de la duchesse de Sefern : il était le fruit des amours de cette grande dame avec un vague jardinier.

Ainsi Pierre de Sefern avait perdu sa vie *pour l'honneur d'un nom* qui n'était pas le sien.

AU SECOURS!

Pour Alphonse Beljambe.

Si Gibonal renonça dans la suite aux actions chevaleresques et à la bravoure légendaire de ses ancêtres toulousains, c'est qu'il lui était arrivé à ses débuts dans la vie parisienne, une aventure qui lui ôta pour toujours le goût de secourir les veuves et les orphelins.

Tout jeune étudiant, logé dans une vieille maison de la rue Saint-Jacques, il y était le voisin, fort amoureux, d'une jolie personne, Mme Louise Géraud, mystérieuse veuve dont il ne connaissait que le nom et l'exquise beauté.

Depuis quelque temps elle sortait peu de chez elle; et il avait le chagrin de ne plus même la rencontrer dans les escaliers.

Cette privation le troublait fort.

Enfin certaine nuit, il fut réveillé en sursaut par d'horribles cris partant de chez la jolie voisine.

En une seconde Gibonal fut debout, résolu, armé d'une longue lame de canne à épée arrachée à sa primitive panoplie.

La seconde d'après, il se trouvait, en caleçon, toutes portes enfoncées, chez Mme Géraud dont les cris d'épouvante et de douleur redoublèrent aussitôt.

Mais n'écoutant que son courage, déjà Gibonal, la dague en avant, s'était précipité vers l'alcôve où un homme noir et brutal maintenait couchée la jeune femme, chemise retroussée et draps rejetés.

L'homme se retourna, criant :

— Vous êtes fou ?

Mme Géraud s'évanouit.

Une autre femme, inconnue, qui se trouvait là, recula instinctivement.

Et Gibonal n'eut que le temps de lâcher son arme pour recevoir à deux mains un vagissant nouveau-né.

MAITRESSE

Pour E. Degay.

Albert de Praisne, lieutenant dans un régiment en garnison à Paris, venait de signifier brusquement son congé à sa maîtresse Henriette.

Il l'aimait beaucoup, mais croyait à la nécessité d'un mariage conforme à la situation mondaine qu'il se rêvait.

Henriette se retira.

Sur ces entrefaites, Albert changea de garnison et fut envoyé dans une ville de province assez morne. Là, en attendant l'expiration de ses fiançailles qui menaçaient de traîner quelque peu, Albert s'ennuya.

Le souvenir d'Henriette revint, tentateur.

Il n'y put tenir. Il lui écrivit d'oublier les

froissements de leur rupture et de venir, en camarade, passer huit jours près de lui. Ils se retremperaient, si elle voulait bien, dans un délicieux bain d'amour et se sépareraient ensuite, doucement, toujours amis.

Henriette vint.

Le huitième soir, suivant la convention, Albert accompagna son ex-maîtresse à la gare.

Ils prirent le chemin le plus long pour les adieux. Puis tout à coup Henriette lui dit :

— Tu m'as mortifiée... tu m'as fait souffrir... Mais tu viens de me faire passer huit jours au nom desquels je pourrais tout pardonner. Dis un mot, et je reste.

Albert ne répondit pas.

Il regardait le paysage nocturne. Ils étaient sur un pont.

La Saône roulait sous eux, bruyante et rapide, au creux d'une vallée noire entre deux hautes collines.

Henriette reprit, changeant de ton :

— Si tu me renvoies, je ne sais ce que je ferai... L'idée de ton mariage, je ne puis l'accepter, je te retrouverai alors. Je te tuerai, je tuerai ta femme... Tout est possible à ma jalousie que tu viens de réveiller.

Albert ne répondit pas, haussa les épaules, reprit le bras d'Henriette et la mena à la gare.

Le surlendemain, il recevait d'elle une longue lettre d'une écriture fine, reposée.

« Ecoute, disait-elle en substance. Ce que je disais en te quittant, c'était pour rire... Mais tu m'avais menée sur ce pont. J'ai cru que tu ne m'avais conduite là que pour te débarrasser de moi en me poussant à l'eau, dans la nuit. Alors, je t'ai dit n'importe quoi pour te braver. Mais puisque tout s'est bien passé, adieu, mon chéri ! Fais un bon mariage et oublie-moi, comme je t'oublierai. »

Le soir même, Albert demandait une permission pour Paris.

Il rejoignait Henriette.

Huit jours après, il rompait son mariage, s'occupait de démissionner, réalisait sa fortune personnelle et achetait, à sa maîtresse reprise, une belle brasserie dont il est aujourd'hui l'humble gérant.

RESSEMBLANCE

Pour Alexandre Georges.

Lorsque Pierre Guersaint fut présenté à Madeleine d'Amorailles, tout de suite il sentit qu'il lui plairait et que, plus avant il pousserait sa cour, plus elle lui en saurait gré. En effet en insistant un peu, il obtint d'elle une invitation à un thé intime.

La semaine d'après elle lui accordait un rendez-vous en ville et le mois ne s'était pas écoulé qu'ils sortaient ensemble.

A la répétition générale de *Cabotins*, elle ne craignit pas de se montrer avec lui.

Tant que dura la pièce, ils ne bougèrent pas de leur baignoire.

Elle lui parla de son passé. Elle lui dit qui

avait été son dernier amant, un inconnu : Paul Serveil. En quelques traits, Madeleine le lui eut suffisamment dépeint pour que l'amant nouveau n'eut plus de doutes sur la laideur tant physique que morale de l'amant antérieur.

Mais la représentation finissait.

Madeleine quitta la loge au bras de Guersaint.

Sur le trottoir, ils croisèrent un monsieur qui fixa un moment Guersaint, puis l'aborda.

— Bonjour !

— Bonjour !... répondit Pierre hésitant et ne paraissant pas reconnaître ce personnage.

— Mais... pardon, monsieur ! fit l'autre... Vous semblez ne pas vous souvenir... Ne seriez-vous pas M. Paul Serveil ?

Guersaint eut un mouvement nerveux.

— Je me nomme Guersaint.

L'inconnu se récria, se confondit en excuses.

— Je suis désolé... désolé... Mais la ressemblance est si frappante que tout autre s'y serait trompé...

Sur quoi l'inconnu salua, resalua et s'éloigna.

Il y eut un silence entre les deux amants.

Pierre le rompit, disant sèchement :

— Ma chère amie... je savais par vous que celui qui m'a précédé dans vos faveurs était dépourvu de cœur, d'intelligence, d'esprit, de beauté... etc., etc. Mais vous aviez eu la charité de me laisser ignorer que je lui ressemblasse au point qu'un passant pût s'y tromper.

Madeleine lui pressa doucement le bras, câline :

— Je m'y trompe bien, moi !

ET L'ENFANT?

Pour Paul Lordon.

M. Boisseau rentra chez lui, atterré.

Son meilleur ami, Leplantard, venait de lui dire :

— Ta femme est une... Si encore elle ne trompait que toi, avec moi, je ne dirais rien. Mais elle nous trompe tous deux, et ceux avec qui elle nous trompe, elle les trompe encore avec d'autres ! C'est honteux ! Ton fils n'est pas de toi ! Il n'est peut-être pas de moi, à qui pourtant elle le laissait croire. Sait-on de qui il est ? Chasse cette Messaline ! Tous tes amis t'en sauront gré !

A jeun, Boisseau n'était pas la bravoure même.

Il ne répondit rien à Leplantard.

Mais après l'avoir quitté, il s'assit dans un café, but quatre ou cinq absinthes et rentra.

Sa femme l'attendait à table, avec son fils.

Boisseau fit un boucan d'enfer; et, chargé d'alcool, lâcha tout ce que Leplantard lui avait mis sur le cœur.

Comme conclusion, il alla à son secrétaire, y prit cinq billets de mille francs, les mit aux mains de l'épouse déchue et la somma de déguerpir sans plus tarder.

Madame se leva, serra l'argent et gagna la porte.

On ne discute pas dans ces conditions.

Sur le seuil elle se retourna et, montrant le petit garçon que cette scène terrifiait et qui pleurait, elle s'écria :

— Mais... l'enfant?

— Ce n'est pas mon fils... Emmène-le!

Alors Mme Boisseau eut un geste épique.

— Dites donc!... Je suis fatiguée de lui avoir cherché des pères! Débrouillez-vous à votre tour pour lui trouver une mère!

Et elle sortit en claquant la porte.

L'AMOUR EN CONTRAT

Pour le docteur Duchastelet.

On sait ce que sont, au quartier Latin, ces contrats de deux ou trois ans que les fils de bourgeois, étudiants en droit ou en médecine, passent avec quelque amie de leur goût en se chargeant de l'entretenir plus ou moins largement pendant la durée du bail.

Celui-ci expiré, on se quitte comme il était convenu, avec ou sans regret, mais toujours correctement, tranquillement, de sang-froid.

L'étudiant va s'établir et se marier en province.

L'amie se replace ; et tout est bien.

Ainsi Francis Caplet s'était mis en provisoire ménage avec la blonde Stéphanie qu'il avait détournée de ses fonctions de vendeuse dans un magasin de nouveautés pour l'associer à ses trois années d'études.

De part et d'autre, on s'était convenu. Mais on s'était promis d'être raisonnables, de s'aimer avec prudence pour s'éviter les déchirements d'une séparation trop douloureuse à l'expiration du contrat.

Cela marcha bien la première année.

Vinrent les vacances.

Francis les alla passer en Bourgogne dans sa famille où il devait rester deux mois.

Il laissa à Stéphanie la somme qu'il estimait devoir lui suffire.

Pendant cette absence on s'écrivit de part et d'autre, gentiment, tendrement.

Au retour, Francis qui n'avait pas voulu annoncer son arrivée pour « *faire une surprise* » trouva Stéphanie dans les bras d'un autre étudiant qui avait été l'ami de tous les jours depuis le départ de l'amant en titre.

Il y eut d'abord échange d'aigres propos, puis explication, puis réconciliation opérée par Stéphanie.

Elle eut en effet la présence d'esprit de rappeler à temps les bases du contrat d'où l'on avait soigneusement proscrit tout ce qui pouvait dégénérer en trop grand amour.

Donc par prudence, avant tout, on s'était interdit la jalousie.

Francis trouva la raison bonne, reprit sa maîtresse aux conditions précédentes et l'on se jura d'oublier la scène.

On l'oublia si peu que huit jours après Stéphanie s'asphyxiait après avoir écrit à son *amant :*

« J'ai vingt ans. Je ne puis m'habituer à
« la pensée que j'ai juré de vivre deux ans sans
« aimer... Au moins si tu t'étais battu avec
« l'autre ! ou si tu m'avais battue !... ou si vous
« m'aviez battue tous les deux !... Mais rien !
« Ce n'est pas une existence ! Une autre te joue-
« rait encore le tour. Moi, je suis fille de parole :
« j'ai juré de ne plus te tromper. Je ne te trom-
« perai plus. Seulement j'en ai assez.,. Et je
« termine ma jeunesse plutôt que de la vivre
« sans amour. »

MÉNAGE ADROIT

Pour Antony Blondel.

La petite Mme Dorchair n'était pas dénuée de fantaisie.

Son mari ne s'en accommodait pas toujours. Il fut même outré, certain printemps, où sous des prétextes spécieux, il se vit exclu, pendant une bonne quinzaine, chaque soir, de la couche commune.

Cette continence douloureuse s'exaspérant d'une conviction jalouse, Rémy Dorchair résolut d'avoir le mot de la situation.

Il se mit sérieusement aux aguets et put, un matin, surprendre la femme de chambre de madame qui glissait avant le réveil de sa maîtresse une carte de visite avec quelques mots griffonnés dessus, dans un tiroir du cabinet de toilette.

Rémy eût encore assez d'adresse pour s'emparer du billet sans avoir été vu par la soubrette.

Il lut :

« *Ce soir, — sept heures — église Saint-Ferdinand — deuxième confessionnal à droite, en montant.* »

Mme Dorchair avait donc un amant : c'était un point éclairci.

Mais Rémy était un homme de sang-froid. D'un trait de plume, il changea « sept heures » en « cinq heures », rejeta le billet ainsi corrigé dans le tiroir et sortit.

Remonté dans sa chambre, il se fit préparer une valise qu'il ordonna de porter en consigne à la gare d'Orléans, puis recourant au truc classique du faux voyage, il prévint tranquillement sa femme qu'il resterait absent de Paris, deux jours, pour affaires.

On était en hiver. La nuit était donc complète dans l'église à peine éclairée lorsque Rémy se glissa un peu avant cinq heures *dans le deuxième confessionnal, à droite, de l'église Saint-Ferdinand.*

Au moment même indiqué par lui sur le billet il vit s'approcher doucement la femme de chambre de sa femme. Il faisait assez noir pour qu'elle ne reconnut pas son maître. Elle lui mit donc rapidement dans la main qu'il lui tendait, le billet de réponse destiné à « *l'autre* » et une clef d'appartement puis s'éloigna très vite.

Quand la soubrette eut quitté l'église, Rémy sortit du confessionnal et courut lire le papier à la clarté d'un lampadère :

« *Mon ami, — Je n'ai pu venir moi-même.*
« *Mais ma femme de chambre vous remettra ce*
« *mot pour vous prier de venir chez moi dès ce soir,*
« *vers dix heures. Nous allons enfin être heureux.*
« *Mon mari s'absente pour deux jours.* »

Rémy n'était pas né d'hier et son flegme parisien était à la hauteur des circonstances.

Il alla dîner copieusement, passa une bonne heure dans un lavatory à se faire accommoder, tailler, oindre et friser comme un jeune premier en début d'aventure.

Il songeait à son rival qui devait s'être morfondu, à sept heures, sans rien voir venir.

Enfin comme il allait être dix heures, Rémy revint doucement chez lui ; ainsi adonisé et fleurant les essences les plus capiteuses, il ouvrit la porte de chez madame avec la clef donnée tantôt par la femme de chambre et trouva dans le demi-jour de son boudoir, sa chère moitié non moins spécialement préparée pour l'heure d'amour.

Mme. Dorchair, en voyant entrer son mari, si grande que fût son émotion, n'eut pas un tressaillement.

C'était une petite personne forte.

Mais dans cette scène muette où se jouaient leurs deux existences, les deux partners furent dignes l'un de l'autre.

Ils échangèrent un bref regard d'intelligence.

Puis sans allusion, sans explication, ils se rapprochèrent et conclurent galamment, en gens d'esprit. Et ce fut pour toujours un ménage délicieux.

MADEMOISELLE PRUDOISEAU

Pour René Acollas.

M. Prudoiseau, marchand de bois retiré, vient d'acheter le domaine de Folbry et le fait restaurer.

Il l'habite féodalement avec sa femme et sa fille, Mlle Pulchérie.

Cette dernière a dix-huit ans, et réalise déjà par l'éclat de son teint et l'opulence de sa jeune chair toutes les promesses d'une riche nature.

Son cœur chante dans le décor romanesque du vieux domaine.

En attendant le bon mari qu'elle recevra des mains paternelles, il lui faut absolument une petite histoire qui satisfasse au moins une fois pour toujours ses besoins précoces d'au-delà.

L'instituteur du village, jeune garçon mince, élégiaque, est l'objet qu'elle choisit.

Elle n'a pas de peine à le transformer en amoureux fou. Ils se voient délicieusement dans un petit bois, derrière l'école, où ils font de longues et idylliques promenades.

Or Pulchérie n'en est pas à se contenter des mignardises d'un flirt florianesque.

Il lui faut plus… Mais où se rencontrer pour cela, bien confortablement et sans danger ?

Ce sera la nuit, dans un petit chalet, au bout du parc, lequel est enclos d'un fossé à pic. Pour accéder au chalet, l'instituteur n'aura, la nuit venue, qu'à improviser un pont de planches… Il en trouvera de très suffisamment longues à quelques pas de là, sur la route, dans un hangar abandonné.

Ce plan est adopté. A minuit, Pulchérie, descendue de sa chambre, gagne le parc ; son peignoir blanc glisse comme un fantôme rapide entre les futaies ; il y a peu de lune ; il ne fait pas trop froid ; tout va bien.

Elle arrive au chalet et regarde par-dessus le mur. De l'autre côté, l'instituteur aligne des planches, choisit les plus longues et les dispose en travers par-dessus la tranchée.

Son pont est prêt. Il s'y risque. Pulchérie bat des mains.

Mais à peine le pauvre garçon a-t-il fait dix pas que sa frêle passerelle cède. Deux planches se rompent et l'amoureux roule avec leurs débris dans le fossé profond de dix-huit pieds.

Il s'est brisé les deux jambes.

Ses clameurs épouvantent Pulchérie. Elle lui commande de se taire. Il souffre. Il appelle toujours. La belle demoiselle pense :

— On va finir par l'entendre... On va venir... Je suis perdue...

Elle s'aperçoit qu'à cette place un pan de mur est en réparation. Il y a un tas de briques et de moellons avec lesquels on doit boucher une brèche causée par de récents éboulements.

Rien n'est plus simple que de figurer une reprise de cet éboulement au-dessus de l'endroit d'où montent crescendo les plaintes aiguës du blessé.

La robuste fille s'excite à l'ouvrage et fait bientôt pleuvoir une grêle de grosses pierres sur le malheureux qui pousse encore une demi-douzaine de hurlements, puis se tait enfin, du suprême silence.

Mais la digne héritière des Prudoiseau n'arrête pas l'avalanche ; et la pluie de moellons ne cesse que quand le corps du misérable est complètement recouvert.

Pulchérie, suant, soufflant, les bras écorchés, reprend sa course vers la maison et s'enferme en hâte dans sa chambre.

Là, s'épongeant et changeant de linge, rassurée par le sommeil du logis paternel que rien n'a troublé, elle se sourit dans la glace, vraiment belle avec ses yeux animés, ses cheveux tumultueux, l'ardeur de son teint.

— Hé bien, quoi ? Je l'ai eue mon aventure... Et ça ne m'a rien coûté...

DÉVOUEMENT

Pour Alban Goumard.

Quand le vicomte de Morlée eut hérité les quelques centaines de mille francs léguées par sa mère, il vit reparaître, sur le champ de sa vie, son vieux roué de père disparu depuis nombre d'années.

Le comte, aimable compagnon et viveur résistant, fut accueilli à bras ouverts par un fils qui ne demandait qu'à suivre ses traces et ses conseils. Ils devinrent francs compagnons et croquèrent gaiment ensemble le pauvre héritage.

Quand ce fut presque fini, le vicomte s'adressa par une classique et suprême prévoyance à une agence de mariages, demandant l'échange de son titre contre une dot.

On le mit en rapport avec une famille de parvenus où il y avait une jeune fille médiocrement jolie, bête comme une oie, mais follement ambitieuse d'aristocratie.

Ces jalons posés, le fils confia le projet à son père.

Attendri, le vieux comte admira le grand cœur de cet enfant qui se dévouait si jeune à cette restauration. Mais un soir de la semaine suivante, le vicomte venait tout effaré chercher son père au cercle.

— Papa ! Rien de fait ! Nous sommes coulés ! Un autre a pris ma place et il a été agréé par les parents de la jeune fille, sous prétexte qu'il est comte et que je ne suis que vicomte. Ils ont même augmenté la dot qui me passe devant le nez.

Le père serra son fils dans ses bras.

— Enfant ! j'ai fait un retour sur moi-même et me suis dit que tu ne pouvais toujours te dévouer pour nous deux ! La désagréable épouse que tu allais avoir sera peut-être une belle-mère passable. Depuis huit jours j'ai doublé toutes tes démarches... et j'ai réussi ! Ton rival heureux c'est ton père... C'est moi qui épouse.

Puis complètant cet aveu par le don de sa bénédiction.

— Et là-dessus, va tailler une banque. Tu peux escompter dans les grands prix, maintenant !

TANTE PRUDENCE

Pour Ch. Henry Hirsch.

Il ne restait plus à Philippe Daumière qu'à se rendre chez tante Prudence, lui narrer sa détresse, mendier et obtenir un secours quelconque.

Or, Prudence, vieille et avare dévote, ne céderait pas facilement aux mauvaises raisons que le neveu prodigue pourrait donner.

Cette tante redoutable habitait Auteuil. Si l'on voulait lui parler utilement, il fallait s'y prendre de très bonne heure, car toutes les journées de la bonne femme étaient prises moitié par ses hommes d'affaires et moitié par ses hommes d'église. Craignant donc de ne pas arriver assez vite le lendemain, notre décavé prit le train de minuit quarante pour aller coucher dans un hôtel du Point du Jour et se trouver chez tante Prudence avec l'aurore.

Or, un peu avant la gare des Batignolles un embarras de voie fit stopper la locomotive. Pendant cet arrêt, Philippe regardant par la portière put nettement distinguer une scène terrible qui se passait dans une maison meublée longeant la voie, au faîte d'un talus.

En une chambre, un homme étranglait une femme renversée en travers du lit. Cela se faisait, fenêtres ouvertes, avec une audace inouïe.

Cette scène évoqua aussitôt à l'esprit du jeune homme le crime commis par Prado sur Marie Aguétan et dont on s'entretenait beaucoup alors — l'escarpe se faisant racoler par les filles publiques pour les tuer et les voler, chez elles.

Philippe se désespérait d'être le témoin impassible de ce meurtre.

Mais que faire ? Le talus était haut... et le train repartait.

A la prochaine station il informa de son mieux les employés ; il ne pouvait davantage et poursuivit sa route.

Or le lendemain, comme il se présentait chez tante Prudence on lui apprit qu'elle était absente depuis deux jours mais qu'elle rentrerait sans doute dans l'après-midi.

Il ne restait plus que quelques francs à Philippe. Il erra dans Auteuil, revenant de temps en temps au logis où l'on ne voyait toujours pas tante Prudence reparaître. La journée s'écoula. Bientôt des camelots crièrent dans les rues les journaux de quatre heures.

Philippe en acheta un ; et sous la rubrique du « Drame de la rue de Rome », il put lire le récit détaillé du crime auquel il avait assisté la veille.

Les noms de l'assassin et de la victime étaient déjà connus et publiés.

Le meurtrier était un vulgaire souteneur.

Quant à la victime, c'était tante Prudence elle-même.

On apprenait maintenant que la vieille fille avait des mœurs déplorables, qu'elle allait chaque soir, depuis des années, se livrer incognito à des débauches de faubourg et qu'elle était ainsi tombée sous les coups d'un amant de rencontre.

L'assassin n'avait d'ailleurs trouvé que trois francs sur le cadavre.

Bientôt même Philippe fut informé que le

drame de la rue de Rome le faisait héritier d'une centaine de mille francs.

Et sous le coup de cette aubaine inespérée, il ne savait vraiment qui bénir le plus, — des vieilles bigotes à sournoises débauches — ou des sombres marlous qui étranglent leurs vieilles et avares maîtresses pour le seul bénéfice des héritiers.

BON DIMANCHE

Pour Maurice de Lambert.

Henry Drach, vieux maître d'études dans un pensionnat de banlieue avait mis à profit un dimanche où il n'était ni de *consigne* ni de *promenade* pour aller flâner son après-midi le long de la Seine entre Argenteuil et Bezons.

Sans un sou en poche, il ne pouvait espérer grande distraction et déambulait pour l'unique jouissance de marcher sans se sentir suivi de son quotidien troupeau de marmots.

Cependant près du pont de Bezons, il vit une foule de gens se pencher sur le parapet ou gesticuler sur la berge.

Une barque portant un jeune homme et une jeune femme venait de chavirer; et le couple était à l'eau, sans savoir nager, se débattant vainement.

On s'excitait bien à les sauver ; mais personne ne s'y risquait, l'endroit étant mauvais.

Sans hésiter, le père Henry, bon nageur, mit habits bas, se jeta à l'eau et retira la femme d'abord, puis l'homme.

On lui fit fête, au vieux brave pion !

Ses deux noyés qui possédaient une villa au-dessous de Bezons voulurent absolument qu'il revînt avec eux, chez eux.

On lui donna des vêtements secs, on le garda à dîner.

Soirée charmante : Madame chanta au piano des choses exquises. Monsieur prodiguait cigares et fines liqueurs.

Le père Henry s'en alla vers onze heures, remercié chaudement, invité pour quand il voudrait... et complètement gris.

Sur la route seulement, il sortit de ce rêve trop court.

Être ivre !

Cela ne lui était pas arrivé depuis bien des années.

En suivant de son mieux la berge, il se demandait quelle figure on lui ferait à l'institution en le voyant rentrer si tard et dans un tel état.

Si près de la joie et du bien-être qu'il venait de savourer, il ressentit plus vivement l'horreur de sa triste vie en cette vieillesse pauvre, esclave, solitaire, dure à gagner sans issue et sans récompense.

Il se fit honte.

Passant près du pont, il se retrouva au-dessus de l'endroit où quelques heures auparavant il avait été le sauveteur acclamé.

Une pensée autre lui vint :

— Ce fut ma meilleure journée... et je n'en retrouverai pas de pareille !... Alors !.....

Alors il monta sur le parapet, regarda l'eau noire et bruyante, puis ferma les yeux et se laissa tomber lourdement dans la mort.

MOUVEMENT TOURNANT

Pour mon aimable entraîneur, Coquelin cadet.

Mlle Arachné est une personne de théâtre très singulière. Tenant un des premiers emplois sur une de nos premières scènes de Comédie, elle se suffit avec ses seuls appointements — d'ailleurs rondelets — et n'accepte pas d'amants. Ses goûts vont ailleurs. Parmi les figurantes de son théâtre, plus d'une fillette fraîche et blonde sait à quoi s'en tenir sur le cas de Mlle Arachné.

Une jolie fille, Catherine Praze engagée pour montrer dans l'emploi des soubrettes des bras frais, une taille ronde, une bouche tentante et de beaux yeux bruns ingénus et pétillants, a inspiré à Mlle Arachné sa plus récente affection. Or Catherine n'a aucun motif, ni aucun désir de bouder le sexe fort... Elle fait bravement son métier de bonne fille, solidement entretenue par un gros raffineur, César Gourdeville, et juvénilement aimée par son ami de cœur, Edmond, le beau garçon coiffeur.

Toutefois elle n'a pas cru devoir repousser les avances d'Arachné; elle lui a cédé, par extra.

Un soir de congé les deux comédiennes, grande et petite, se sont donné rendez-vous pour souper finement dans le mignon entresol que Gourdeville a loué pour Catherine, rue Meissonnier.

La femme de chambre a été renvoyée et les deux aimables filles se servent elles-mêmes. Elles sont à l'aise, en peignoirs très légers. A peine ont-elles séché deux coupes d'Asti, sucé deux écrevisses et croqué un nougat que déjà Arachné, fiévreuse et conquérante, a dénoué le peignoir de Catherine, poussant son amie vers l'alcôve convoitée, lui murmurant des choses ravissantes.

Elles en sont là, lorsqu'un grincement de clef dans la serrure d'entrée dénonce une visite inopportune.

— Ah!... mon Dieu... s'écrie Catherine... Edmond!... J'avais oublié de le prévenir... Fourre-toi là...

Malgré les protestations d'Arachné, elle la pousse sous le lit; puis elle prend à brassée les vêtements de sa camarade, les jette dans le cabinet de toilette et se couche.

Le garçon coiffeur entre, se précipite vers sa bonne amie.

— Le patron m'a donné la liberté... Je sais que ton Gourdeville ne vient pas ce soir... et je suis accouru à tout hasard, pour voir s'il n'y aurait pas moyen de passer une heure avec ma petite femme adorée... C'est gentil, hein? Tu m'aimes?...

— Bien sûr... Mais...

Elle n'a pas le temps de tergiverser... Déjà Edmond s'est dévêtu... Seulement, par habitude d'amant de cœur, il lance lui-même ses effets dans le cabinet de toilette. — Il faut toujours prévoir les surprises quand on n'est pas chez soi. Puis il s'étend aux côtés de Catherine.

Sous le lit, Arachné serait morte de jalousie si elle en avait eu le loisir. Mais à peine Edmond a-t-il donné un premier baiser aux lèvres de la chérie que pour la seconde fois une clef grince dans la serrure.

— Allons bon !... se récrie Catherine !...

Gourdeville !... Il devait passer la soirée avec sa femme... Il a changé d'avis... Sauve-toi !...

Edmond a tout juste le temps de sauter à bas du lit et de se glisser dessous.

Le cri de surprise qui lui échappe, lorsqu'il se trouve en contact avec la tremblante Arachné, est étouffé par l'entrée bruyante de l'amant en titre.

Gourdeville est rayonnant.

— Je croyais passer la soirée avec ma femme... Mais elle a reçu une invitation à dîner chez sa tante... Elle m'a dispensé de cette corvée... et je n'aurai qu'à aller la chercher, vers minuit... C'est trois bonnes heures que je puis donc passer avec toi, ma chérie...

Catherine pousse un petit soupir douloureux et résigné.

Mais le pauvre Gourdeville, lui, n'a pas le temps de se déshabiller.

Car au même instant, trois coups sont frappés à la porte d'entrée et un magistral : « ouvrez, au nom de la loi ! » complète l'horreur de la situation.

— Ma femme !... C'est ma femme ! gronde Gourdeville... Elle n'allait pas dîner chez sa tante... C'est un piège qu'elle m'a tendu... Je suis perdu !.. Elle savait tout !

Et tout vêtu, il plonge à son tour sous le lit, sans lâcher sa canne, son chapeau ni ses gants.

On répète la sommation... et comme on n'obtient pas de réponse, le serrurier requis pour crocheter la serrure fait sa besogne.

Non moins effarée que son amant, Catherine l'a suivi dans sa retraite.

Tous deux sont maintenant, à leur tour, sous le lit d'où leur intrusion a délogé Edmond et Arachné.

Le coiffeur et la comédienne, presque nus, honteux, interdits, se tiennent debout au milieu de la pièce, lorsque, la porte étant ouverte enfin, le commissaire et Mme Gourdeville font irruption dans la chambre.

A la vue d'Edmond et d'Arachné, la femme du raffineur, atterrée de son évidente méprise, se confond en excuses.

— Pardon... de vous avoir dérangé, monsieur le commissaire... J'étais sur une fausse piste, car ce monsieur et cette dame ne sont pas ceux que je cherche. Je suis désolée de cette erreur...

— Hé bien ! madame, retirons-nous !... conclut débonnairement le magistrat.

L'homme de la loi et l'épouse déconcertée renouvellent leurs excuses et disparaissent.

A peine sont-ils sortis qu'Arachné et Edmond se précipitent dans le cabinet de toilette, reprennent leurs effets respectifs, se rhabillent en hâte et s'enfuient sans plus d'explication.

Eux partis, Catherine et Gourdeville, brisés d'émotion, les membres coupés, songent enfin à quitter leur retraite et se tirent à grand'peine de dessous le lit.

— Qu'est-ce que c'est que ce jeune homme ?... et cette femme ?... demande le raffineur... Qu'est-ce qu'ils faisaient là-dessous ?

Et Catherine non moins abrutie marmonne en s'éventant :

— C'qu'ils faisaient là-dessous ?... J'me l'demande..

TABLE DES MATIÈRES

1. Un dénouement, — *pour Paul Margueritte*. . . . 1
2. Atavismes, — *pour Maurice Bouchor* 5
3. Les prospectus de Plantureau, — *pour Aurélien Scholl* 8
4. Jeune Fille, — *pour le comte Georges Swieykowsky*. 14
5. Crime de Cœur, — *pour Rémy de Gourmont* . . . 17
6. Lâche, — *pour Stéphane Mallarmé* 20
7. Tout s'arrange, — *pour Henry Signoret* 24
8. Ruy Blas malgré lui, — *pour Georges Courteline* . 28
9. Le Roman d'une femme tranquille, — *pour Jules Renard*. 31
10. Gaité Parisienne, — *pour Eugène Silvain* 35
11. Train de plaisir, — *pour Alphonse Allais* 37
12. Brillant Début, — *pour Raoul Ponchon*. 39
13. Une Toquade, — *pour Henri Roujon*. 43
14. Le Pavillon, — *pour Victor Margueritte* 47
15. Bon Garçon, — *pour Pierre Valdagne* 51
16. Sauvage, — *pour Jean Ajalbert*. 54
17. Mondanités, — *pour Paul Vidal*. 57
18. Mauvaise Graine, — *pour Louis Marsolleau*. . . . 60
19. L'Aveugle, — *pour Alfred Valette*. 64
20. Le Fils, — *pour Paul Mounet*. 68

TABLE DES MATIÈRES

21.	Le Lit, — *pour Paul Godet*.	70
22.	L'échafaudage, — *pour Gérault Richard*. . . .	72
23.	La tête et le cœur, — *pour Léon Dierx*. . . .	75
24.	Les deux cages, — *pour Elémir Bourges*. . . .	78
25.	Emotions, — *pour Paul Ollendorff*.	82
26.	Pot-Bouille, — *pour Charles Proudhon*.	88
27.	L'Amour à Tout Âge, — *pour Jean Richepin*. .	93
28.	Amour-Propre, — *pour Paul Adam*	97
29.	Bon Goût, — *pour Louis Gallet*.	100
30.	Au Bal Dourlan, — *pour Aristide Bruant* . . .	103
31.	Cousin, Cousine, — *pour le comte Léonce de Larmandie*.	106
32.	Famille, — *pour Jules Jouy*.	109
33.	Pour acquit, — *pour Amilcare Cypriani*. . . .	112
34.	La place vide, — *pour Bernard Lazare*	116
35.	Maternité, — *pour Henry Becque*	118
36.	En Chaussettes, — *pour Eugène Baillet*	121
37.	Autre Musique, — *pour Emile Goudeau*	125
38.	Coup Double, — *pour Paschal Grousset*. . . .	129
39.	La Bonne Maison, — *pour Willy*.	134
40.	La femme de chambre, — *pour Jules Case*. . .	137
41.	Un Mari, — *pour Paul Arène*	141
42.	Au Fumoir, — *pour P. Gailhard*	147
43.	Voisinage, — *pour le vicomte Louis de Latour* . .	149
44.	De la Chance, — *pour Charles Morice*.	153
45.	Succession, — *pour Louis Capazza*.	158
46.	Les Coulisses d'un Grand Cœur, — *pour Henry Mercier*.	161
47.	L'Amour qui Coûte, — *pour Georges Montorgueil*.	166
48.	Sous le Rasoir, — *pour Georges d'Esparbès* . . .	170
49.	L'Orphelin de Planturean, — *pour Raoul Minhar*.	174
50.	Papa, — *pour Gustave Millet*	178
51.	Point d'Honneur, — *pour Zo d'Axa*.	181
52.	Bons Procédés, — *pour René d'Abzac*	183
53.	Arrangements Bourgeois, — *pour Leo Frankel*. .	187
54.	Etonnée, — *pour Félix Fénéon*	192

55.	Moraliste, — *pour Georges Lorin*.	196
56.	Avec l'Etoile, — *pour Claude Bourgonnier*	202
57.	Drames, — *pour Yveling Rambaud*	206
58.	Oubli, — *pour Auguste Rœdel*.	211
59.	Au Seuil du Mariage, — *pour le comte Ogier d'Ivry*.	215
60.	Plus ça change... — *pour Steinlen*.	222
61.	Sans lendemain, — *pour Louis Denise*.	226
62.	Blanc et Noir, — *pour Adolphe Willette*	229
63.	Vengeance Pratique, — *pour Paul Vogler*	234
64.	En Prison, — *pour Henry Rivière*	237
65.	L'Education de Juju, — *pour Ernest Gégout*. . .	241
66.	Jeux de Savants, — *pour Jules Bois*.	245
67.	Vingt ans après, — *pour le baron Louis d'Aimery* .	248
68.	Lequel ? — *pour Jules de Brayer*	252
69.	L'Amour mouillé, — *pour Maurice de Férandy*. .	255
70.	Au nom de la Loi, — *pour Rodolphe Darzens* . .	257
71.	Littérature, — *pour Henry Hamel*.	262
72.	Mon Frère, — *pour Jules Hoche*.	267
73.	Marivaudage, — *pour Louis le Cardonnel*	272
74.	Pour un couplet, — *pour Fernand Xau*	275
75.	Les deux coffrets, — *pour Alexis Lauze*	278
76.	La femme plus forte, — *pour Gaston Sénéchal*. .	283
77.	Carnaval, — *pour Paul Larochelle*	287
78.	Cœur de mère, — *pour Etienne Chichet*.	290
79.	L'honneur aux champs, — *pour Biancourt* . . .	293
80.	Gentleman, — *pour Gabriel Vicaire*	295
81.	Les vacances de Madame Dulcinet, — *pour Georges Auriol*	299
82.	Faire une fin, — *pour Papus*.	305
83.	La femme sans tête, — *pour Pierre Hafner* . . .	310
84.	Mésalliance, — *pour Oscar Méténier*.	315
85.	Où coucher Agathe ? — *pour Georges de Dubor*. .	319
86.	Vœu suprême, — *pour Amédée Pigeon*	323
87.	Mauvaise soirée, — *pour Jean Blaise*	326
88.	Fin d'année, — *pour Charles Clairville*	329
89.	Le suicide de Tristan, — *pour Jules Huret*	332

90. L'honneur du nom, — *pour le docteur Paul Robin*.	335
91. Au secours ! — *pour Alphonse Beljambe*.	338
92. Maîtresse, — *pour E. Degay*	340
93. Ressemblance, — *pour Alexandre Georges*.	343
94. Et l'enfant ? — *pour Paul Lordon*	346
95. L'amour en contrat, — *pour le docteur Duchastelet*.	348
96. Ménage adroit, — *pour Antony Blondel*	351
97. Mademoiselle Prudoiseau, — *pour René Acollas*.	355
98. Dévouement, — *pour Alban Goumard*.	359
99. Tante Prudence, — *pour Ch. Henry Hirsch*.	362
100. Bon Dimanche, — *pour Maurice de Lambert*.	366
101. Mouvement tournant, — *pour mon aimable entraîneur, Coquelin cadet*.	369

www.ingramcontent.com/pod-product-compliance
Lightning Source LLC
Chambersburg PA
CBHW070450170426
43201CB00010B/1277